L'ART et le BEAU

L'ART JAPONAIS

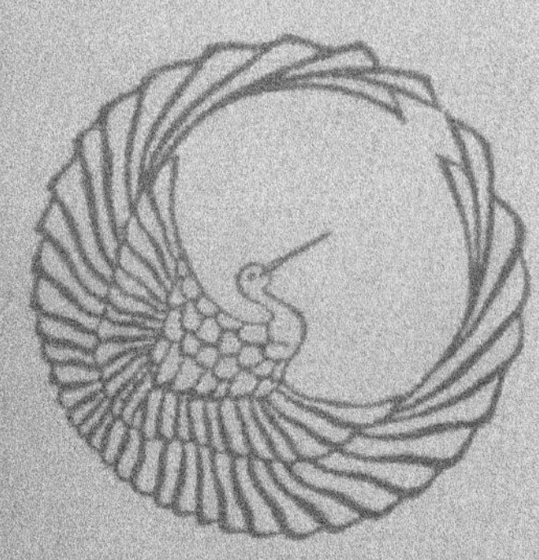

LIBRAIRIE ARTISTIQUE INTERNATIONALE · 65, RUE DU BAC PARIS ~ PRIX NET 6 FRANCS

L'ART ET LE BEAU

QUATRIÈME ANNÉE

VOLUME V: L'ART JAPONAIS

L'ART ET LE BEAU

Programme de la quatrième année:

CONSTANTIN GUYS. Texte de Georges Grappe
DANTE GABRIEL ROSSETTI. Texte de Arthur Symons
HODLER ET LES SUISSES. Texte de Rudolf Klein
JOSEPH ISRAELS. Texte de C. L. Dake
L'ART JAPONAIS. Texte de Laurence Binyon
AD. OBERLÄNDER ET MORITZ VON SCHWIND. Texte de Rudolf Klein

Les numéros de l'Art et le Beau seront livrés sous carton à la cuve au prix de 6 frc., sous toile au prix de 8 frc.

Par abonnement à 3 numéros

le prix sera réduit à 5,50 et à 7,50 frc. le numéro

Par abonnement à 6 numéros

le prix sera réduit à 5,00 et à 7,00 frc. le numéro

Il sera imprimé, en outre, 100 exemplaires de chaque numéro au prix de 25 frc.; le texte sur papier à la cuve, les dessins sur papier de grand luxe, le toute relié en vrai parchemin.

L'ART JAPONAIS

L'ART JAPONAIS
PAR LAURENCE BINYON

UN PLANCHE EN QUATRE COULEURS, 37 DESSINS SUR PAPIER MAT DE GRAND LUXE, 20 ILLUSTRATIONS TEINTÉES ET 1 GRAVURE

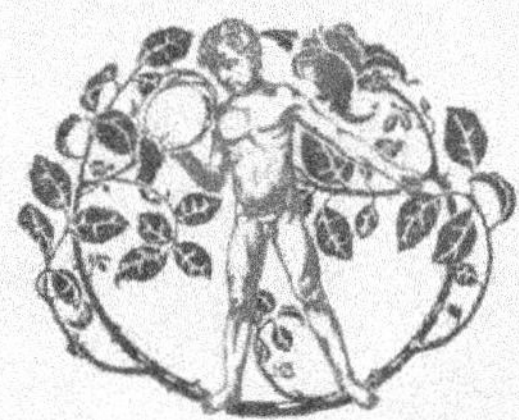

LIBRAIRIE ARTISTIQUE INTERNATIONALE
PARIS, 65 RUE DU BAC

LA COUVERTURE DE CET OUVRAGE EST DE WILLY BELLING; LA MARQUE DES ÉDITEURS, EN FRONTISPICE, DE HANS BASTANIER. LES DEUX CENTS PREMIERS EXEMPLAIRES SONT IMPRIMÉS SUR PAPIER À LA CUVE, LES ILLUSTRATIONS, SUR PAPIER MAT DE GRAND LUXE. CES EXEMPLAIRES SONT RELIÉS EN VRAI PARCHEMIN ET REVÊTUS DE LA SIGNATURE AUTOGRAPHE DE L'ARTISTE

IMPRIMERIE DE LA LIBRAIRIE ARTISTIQUE ET LITTÉRAIRE, PARIS

L'IMPRIMEUR-GÉRANT: G. COUSTAL

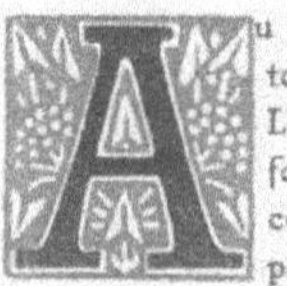u Japon, plus que partout ailleurs probablement, le talent, et surtout le talent artistique, fut héréditaire. La coutume très répandue de l'adoption fit paraître ce fait encore plus frappant qu'il ne l'est en réalité; il est cependant assez remarquable en soi. Il ne manque pas de familles dont les noms sont devenus illustres dans l'histoire de l'art japonais. A leur tête, parmi celles qui ont fourni le plus de génies à l'art national, se place la famille de peintres des Kano. Quatre maîtres de tout premier ordre, Masanobu, Motonobu, Yeitoku et Tanyu ont illustré tour à tour leurs générations, et nombre de maîtres dont le talent ne le cède guère à celui de ces artistes ont porté ce nom classique, par droit de naissance ou par droit d'adoption.

Kano, du reste, est devenu plus que le nom d'une famille. Il désigne toute une école; il symbolise des principes déterminés, des traditions et même une certaine technique. La ligne des Kano est la marque absolument caractéristique d'un système de dessin correspondant à ce que nous appelons en Europe „l'Ecriture", plutôt qu'à un élément quelconque de l'art de la peinture.

L'école des Kano remonte au XVème siècle et subsiste encore de nos jours. Elle peut à juste titre revendiquer la première place parmi les grandes écoles de la peinture japonaise, car, plus que toute autre, elle s'est montrée capable d'absorber des éléments nouveaux et même de créer des mouvements destinés à devenir des traditions indépendantes. De toutes les écoles, elle est la plus compréhensive, la plus souple, la plus variée, douée de la plus puissante vitalité.

La vraie signification, la réelle portée de l'art des Kano n'ont pas été saisies par les premiers critiques européens de l'art japonais représentés par l'autorité des Goncourt. Tout l'intérêt de la critique était concentré sur Ukiyo-yé, l'école populaire à laquelle nous devons de délicieuses planches coloriées. Les noms des maîtres de Ukiyo-yé, Hokusai, Utamaro, Hiroshige et tutti quanti sont familiers en Europe, tandis que les maîtres de l'école classique sont presque inconnus. Cet art populaire semblait à première vue représenter le vrai génie du Japon dans son caractère instinctif et national. La peinture des Kano paraissait être une plante exotique, le produit de dillettantes ultra-civilisés, un art entièrement dérivé, ne donnant que de simples imitations de la peinture classique chinoise. Elle semblait aussi limitée dans son essor qu'artificielle dans son développement, telle l'école de Fontainebleau en France.

Ce jugement cependant n'était fondé que sur une connaissance imparfaite de la matière. Aujourd'hui, comme nous le verrons dans le cours de cette étude, nous savons que l'école de Ukiyo-yé elle-même, avec sa représentation de la vie journalière au Japon, avec son monde de tous les jours si copieusement illustré dans les estampes coloriées, a tiré réellement son origine de l'école des Kano au XVIème siècle, et que quelques-uns des plus beaux chefs-d'oeuvre de la peinture Ukiyo-yé sont dus à des artistes des Kano. De plus, on croyait que les sujets des Kano comprenaient exclusivement des paysages, des fleurs, les saints et les philosophes de la légende chinoise. La représentation des scènes de guerre et d'aventure et de la vie du moyen-âge japonais, était, pensait-on, l'apanage exclusif de l'école plus ancienne de Tosa. Mais nous ne tarderons pas à constater que ces sujets furent traités par quelques artistes du Kano, notamment Motonobu, avec une vigueur qui ne le cède en rien à celle des grands maîtres du Tosa. Nous verrons, en outre, comment à la troisième génération de la famille Kano, Yeitoku créa dans ses splendides écrans un style de peinture décorative qui influença profondément les deux maîtres par excellence de la décoration japonaise, Sotatsu et Korin, et donna naissance à des modèles dont Korin lui-même ne surpassa pas la majesté.

Justice est ainsi rendue à la diversité et à la souplesse de l'école. L'intensité de sa vitalité est attestée par le fait que, même à l'époque de sa décadence, la tradition des Kano ne cessa pas d'être la base du développement de nombre de talents originaux. Itcho, le brillant et spirituel peintre du XVIIIème siècle, ne représente qu'une variante de la manière de Kano dans laquelle il avait été formé, bien qu'il sût se créer une position indépendante. Et même Motonobu, Utamaro, Yeishi, ainsi que tant d'autres créateurs de planches coloriées ont été nourris dans l'enseignement de la manière des Kano. Il faut appuyer

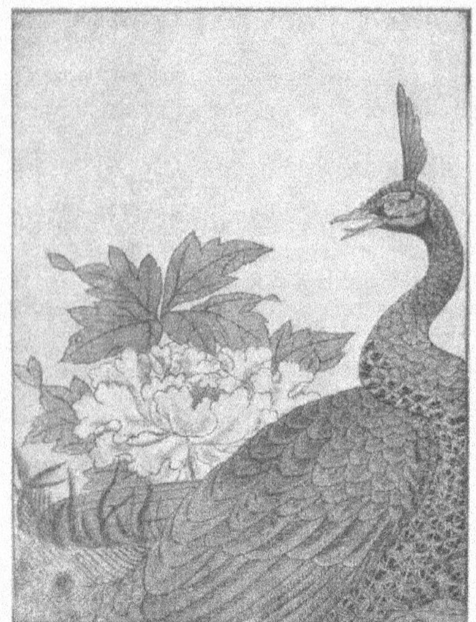

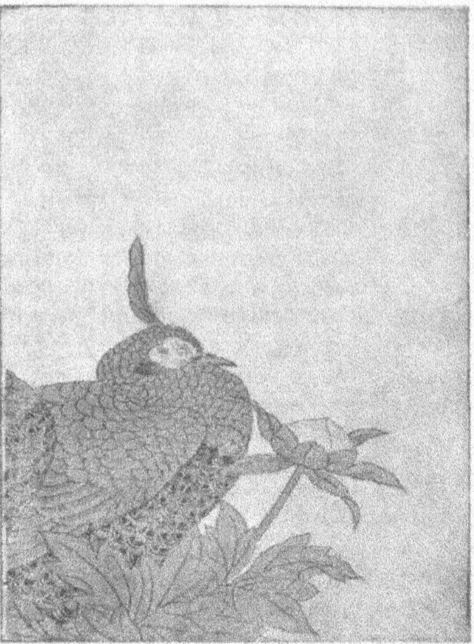

TORIYAMA SEKIYEN

PAONS ET PIVOINES — PFAUEN UND KLATSCHROSEN — PEACOCKS AND PEONIES

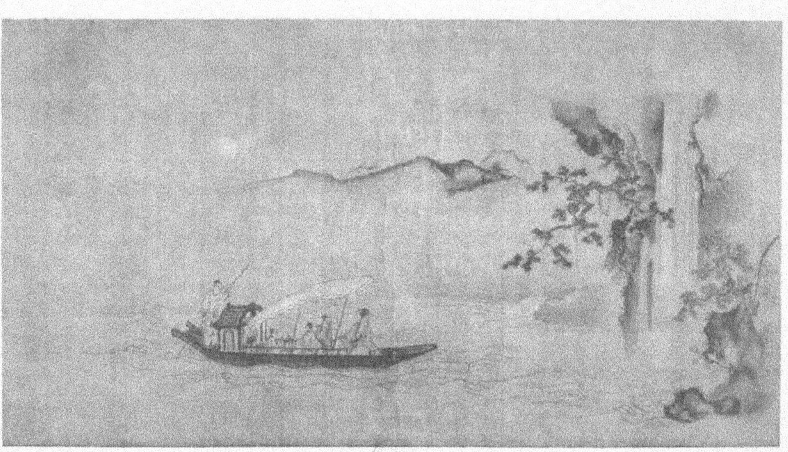

TSUNENOBU

SAGES SUR UN LAC PAR UN CLAIR DE LUNE — GELEHRTE AUF EINEM SEE BEI MONDSCHEIN — SAGES ON A MOONLIT LAKE

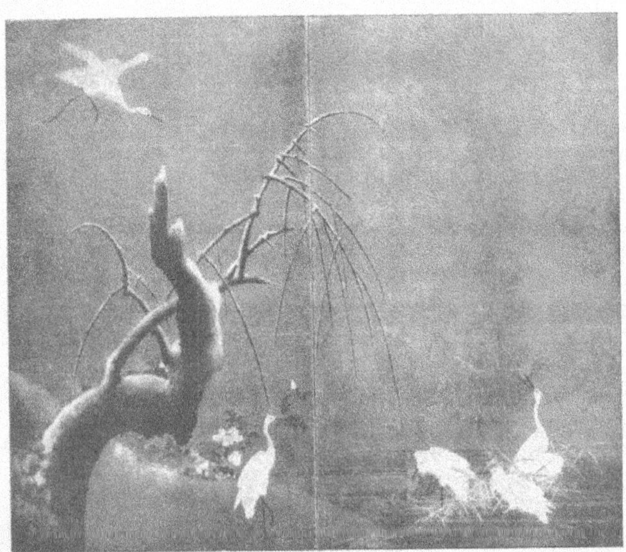

JOCHINOBU

ECRAN — SCHIRM — SCREEN

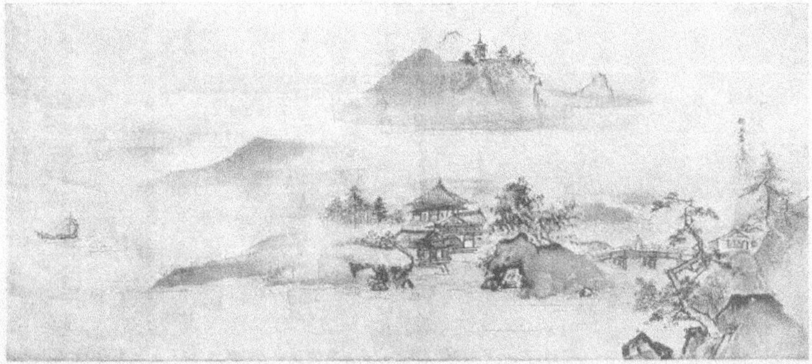

TANYU

PAYSAGE CHINOIS — CHINESISCHE LANDSCHAFT — CHINESE LANDSCAPE

enfin sur ce point, que l'école de Ukiyo-yé était elle-même strictement limitée et qu'elle ne doit pas être considérée comme le représentant de l'art japonais en général. A première vue, nous pourrions avoir la tendance de classer comme exotique tout sujet chinois des écoles classiques, et de proclamer que l'art vraiment national ne prit naissance que lorsque les peintres japonais eurent enfin le courage de peindre la vie ambiante. Mais nous ne devons pas perdre de vue que la Chine a joué à l'égard du Japon non seulement le rôle de la Grèce et de l'Italie à l'égard du reste de l'Europe, mais qu'elle a été aussi en quelque sorte la Palestine des Japonais. Sans doute, c'est l'Inde qui est leur Terre-Sainte, mais le Boudhisme leur parvint non seulement comme une religion, mais encore comme une civilisation, et de plus, comme une civlisation chinoise. Et l'idéal que comportait la doctrine est imprégné en grande partie de la pensée chinoise. Le mysticisme de Lao-Tsu surtout y joue un rôle prépondérant. Les Sages et les ermites de la légende Taoïste tiennent dans l'art des Kano le même rang que les Saints du Boudhisme; les magnifiques créations du symbolisme chinois: le tigre et le dragon, comptent parmi ses sujets favoris. Ce monde de pensée et de légende a tenu dans la vie japonaise la place qu'occupe le christianisme dans la vie européenne. Aussi, tandis que l'art des Kano n'ignore jamais entièrement ni la vie moyenâgeuse du moine, du guerrier ou du chevalier-errant au Japon, ni les scènes de la vie contemporaine, le sujet principal de ses préoccupations a été toujours la représentation et le symbole de la pensée religieuse, car même ses paysages, ses peintures de fleurs et d'oiseaux ont un caractère religieux ou quasi-religieux. Et qui oserait dire que ce monde d'idéal à peine touché par les artistes de Ukiyo-yé, si ce n'est dans des travestis humoristiques, ne participe pas d'une façon absolue de la vie du Japon réel? Et tout juste comme l'élément spirituel a joué un rôle prépondérant dans la formation du Japon de nos jours et même dans celle de la populace japonaise, de même que cet élément a produit des fruits de toute première qualité qui ont suscité l'admiration du monde entier, de même aussi on retrouve dans la peinture des écoles classiques une élévation de style, une subtilité, une distinction exprimée jusque dans le maniement du pinceau à laquelle le meilleur des Ukiyo-yé demeure étranger. Bien qu'écrivant à une époque où le vieil art du Japon n'était qu'imparfaitement connu en Europe, bien que toutes ses sympathies allassent à l'école populaire, Mr. Gonse, avec son fin instinct esthétique a noté cette différence caractéristique quand il compara la peinture d'une branche de prunier de Hokusai avec une peinture analogue de Soga Jasoku, un maître du XVème siècle.

II.

Aussi, quand nous suivrons l'évolution de l'école des Kano, retrouverons-nous l'idéal et les méthodes de la peinture japonaise représentés avec une abondance que n'offre l'étude d'aucune autre école. D'autres écoles, sans doute, ont excellé dans un sens ou dans l'autre; mais Kano reste le point central, l'expression la plus compréhensive du génie pictorial japonais. Et c'est du sein d'une simple famille que s'éleva cet essor!

Bien que destinée à développer le caractère national, l'école des Kano fut à son origine un dérivé absolument chinois. Elle surgit du grand mouvement du XVème siècle qui peut être appelé la Renaissance Chinoise.

Quand la civilisation chinoise fut introduite au Japon avec le Boudhisme et adoptée dans son ensemble avec une rapidité et une ardeur qui n'ont d'égale que l'absorption de la civilisation européenne de nos jours, elle apporta au pays un art en pleine maturité. Les premières écoles de la peinture japonaise furent fondées en imitation étroite des modèles de l'art chinois et indien. Ses premiers grands maîtres s'attachèrent aux plans et aux conceptions des célèbres peintres de la dynastie chinoise des Tang dès ce VIIIème siècle qui fut probablement l'époque la plus brillante et la plus créatrice de l'art asiatique. Ce n'est qu'au XIème et au XIIème siècle que naquit une école incarnant une manière et un idéal entièrement japonais. Elle porta le nom d'Ecole de Yamato, — Yamato étant le vieille désignation de la race japonaise. Mais la manière de cette école se concentra surtout en une seule famille: la famille de Tosa, et dans son déve-

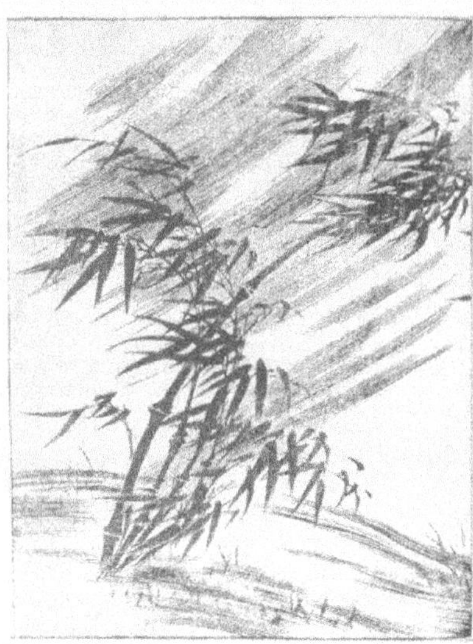

Tachibana Morikuni

BAMBOUS PENDANT L'ORAGE
BAMBUS-STAUDEN IM STURM
BAMBOOS IN A STORM

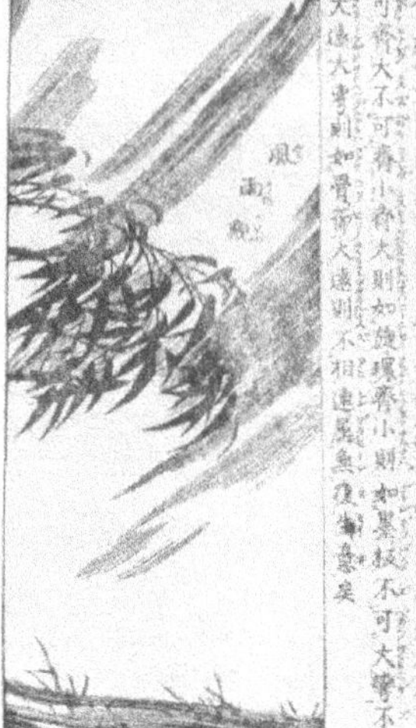

Tachibana Morikuni

BAMBOUS PENDANT L'ORAGE
BAMBUS-STAUDEN IM STURM
BAMBOOS IN A STORM

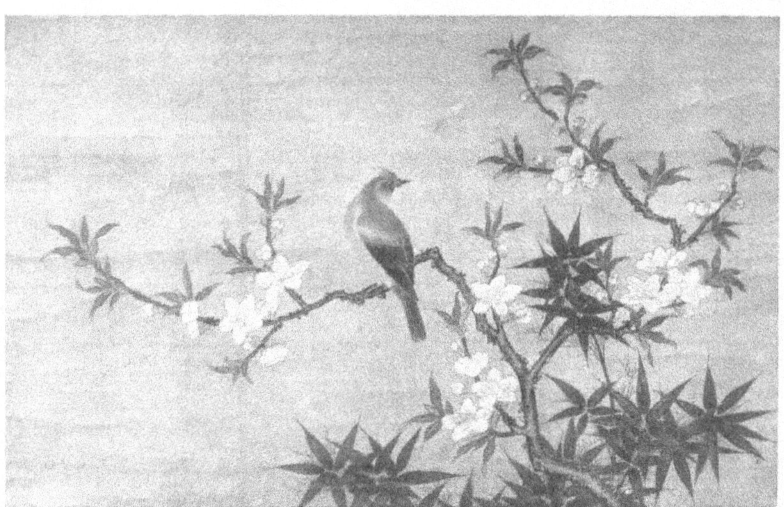

OISEAU SUR UNE BRANCHE FLEURIE — VOGEL AUF EINEM BLÜHENDEN ZWEIG — BIRD ON FLOWERING BOUGH

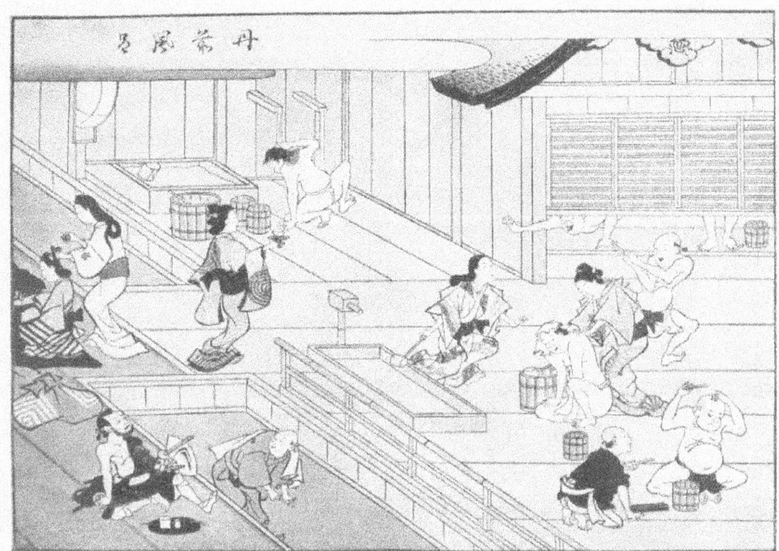

Itcho

BAINS — BÄDER — BATHS

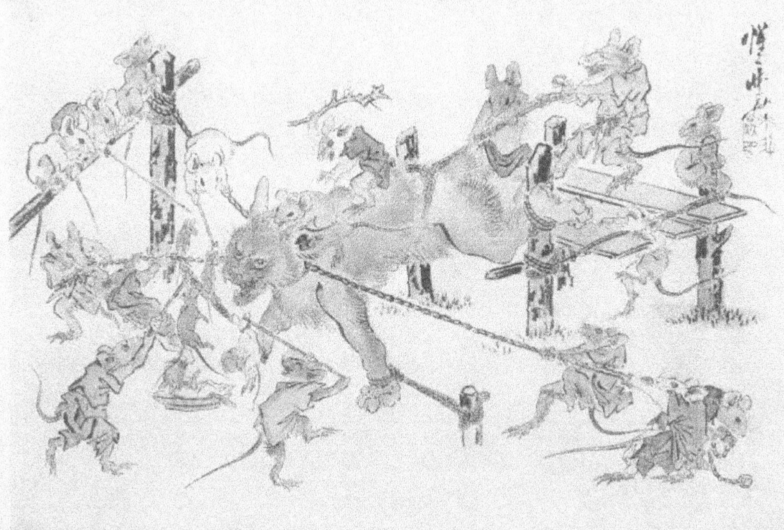

Kyosai

CHAT ET SOURIS — KATZE UND MÄUSE — CAT AND MICE

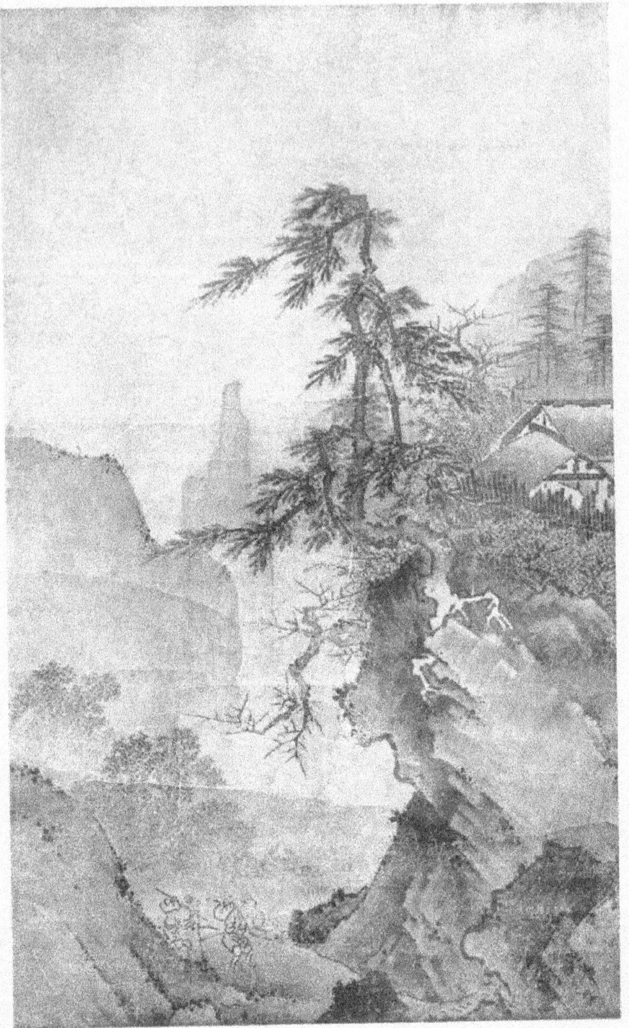

Masanobu

PAYSAGE — LANDSCHAFT — LANDSCAPE

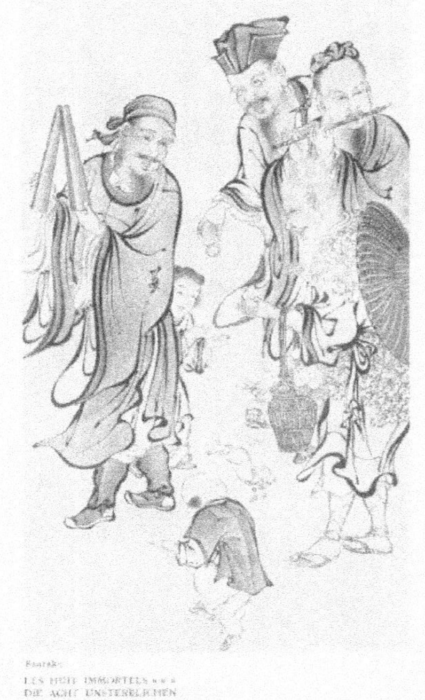

Sanraku

LES HUIT IMMORTELS ✻ ✻ ✻
DIE ACHT UNSTERBLICHEN
THE EIGHT IMMORTALS ✻ ✻

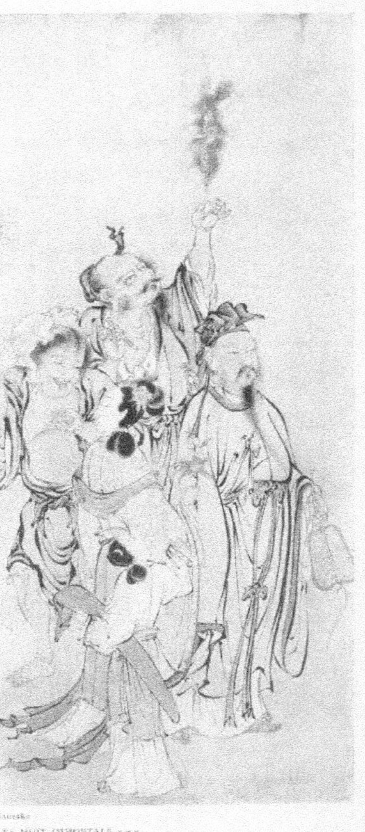

Sanraku

LES HUIT IMMORTALS ✻ ✻ ✻
DIE ACHT UNSTERBLICHEN
THE EIGHT IMMORTALS ✻ ✻

loppement ultérieur, elle n'est guère connue que sous ce nom. La gloire de l'école de Tosa se perpétua à travers le XIIIème et le XIVème siècle, après quoi elle se mit à décliner. A la même époque se produisit une réaction en faveur de la manière toute différente mûrie en Chine par les artistes de l'Age de Sung. Cette réaction aboutit à la Renaissance du XVème siècle. Par une curieuse coincidence, un mouvement analogue excita au même moment un enthousiasme et une activité de même nature en Italie. Et malgré la différence des caractères de la peinture dans les deux continents, la signification des deux mouvements fut essentiellement la même.

Le type de la peinture de l'école de Tosa était un long rouleau (Makimono) de scènes guerrières, d'aventures, de scènes de la vie de cour ou de la vie des Saints. La méthode de représentation était décorative et conventionnelle; et bien que dans la période de l'école le dessin des personnages fût d'une vigueur magistrale, surtout dans les sujets dramatiques, la méthode ne cessa pas d'être narrative, incompatible avec une conception synthétique et incapable de marcher de l'avant. Dans la période de déclin qui suivit, cet élément primitif avait perdu de sa vigueur originale, et il ne subsista que le système de la décoration coloriée. Quel contraste ne devait pas offrir la peinture caractéristique de Sung avec cette sorte d'art! Le paysage des Chinois du XIIème siècle était absolument synthétique, une simple impression prise sur le vif et couchée sur la soie ou le papier, dans toute sa fraîcheur, un caprice de l'artiste évoqué par un caprice de la nature, exprimé avec la preste intensité du poète lyrique. C'était un art aussi moderne que celui de Corot ou de Whistler.

En d'autres termes, il existait le même contraste que celui qui existe aux yeux des Humanistes Italiens entre la riche décoration de l'art byzantin stéréotypé dans son idéal primitif, et la grâce naturelle, pleine de vie d'une statue antique.

Et, tandis qu'alors en Italie Squarcione collectionnait des fragments de figures de marbre et de frises enfouies depuis des siècles, que des artistes comme Montegna étudiaient avec tant de ferveur et cherchaient à reproduire dans leurs propres toiles, des réunions d'artistes et de connaisseurs émérites se formaient au Japon pour dérouler, en cérémonieuse révérence, quelque *Makimono* nouvellement arrivé d'un maître chinois, d'un Kakei, d'un Mokkei ou d'un Bayen.

Signalons encore un autre point de ressemblance entre la Renaissance italienne et la Renaissance japonaise. Ni ici, ni là, le mouvement n'aurait pu atteindre ce degré d'intensité, si les puissants du jour et les grands seigneurs n'avaient été animés d'un grandiose enthousiasme esthétique. Nul de nous n'ignore la dette qu'ont contractée la peinture et la sculpture italiennes envers les mécènes que furent Laurent de Médicis, Isabelle d'Este, le Pape Léon X. Un rôle analogue fut joué au Japon par les Shoguns de la maison des Ashikaga.

Mais là s'arrête l'analogie. Car l'idéal qui inspirait la conception nouvelle de l'art au Japon trouva une expression d'un caractère tout opposé à celui qui inspira les protagonistes de la Renaissance italienne. Des deux côtés, ce fut un renouveau de la vie artistique; mais tandis qu'en Europe ce renouveau signifiait une nouvelle découverte de la magnificence et de la gloire de la vie, les possibilités illimitées de la capacité humaine, la force et la splendeur de la personnalité individuelle, au Japon, le nouvel idéal faisait consister la perfection en une exquise simplicité de goût et de manières à laquelle seul, un perpétuel sacrifice au raffinement de l'esprit permettait d'atteindre. Une glorieuse exubérance, une magnificence luxueuse formèrent partie intégrante de l'idéal italien. Les statues respiraient une vie fière et triomphante en des formes nobles et athlétiques; les peintures remplies de personnages vivants brillaient de couleurs éclatantes. Quel frappant contraste avec l'art japonais de la période des Ashikaga qui fait si peu de cas de l'appel aux sens qu'il élimine presque complètent la couleur, qui s'occupe fort peu de la figure humaine et n'a cure de la beauté ni chez l'homme, ni chez la femme, qui trouve sa satisfaction surtout dans la contemplation des vastes perspectives, des lacs et des montagnes, de la brume et du torrent, d'un simple rameau délicatement fleuri tremblant dans l'air!

On représenta la quintessence de la vie par une allusion à l'Infini. L'Europe a divinisé la forme humaine pour sa propre beauté; mais

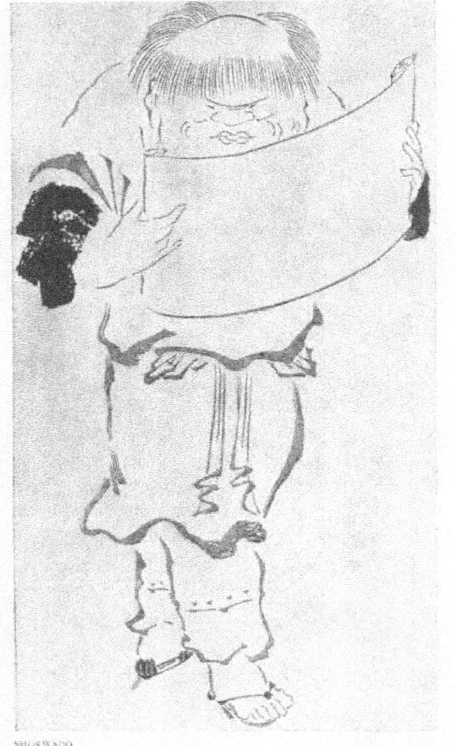

SHOKWADO
LECTURE D'UN ROULEAU LEKTÜRE EINER ROLLE READING A SCROLL

SHOKWADO
HOTEI AVEC SON SAC HOTEI MIT SEINEM SACK HOTEI WITH HIS BAG

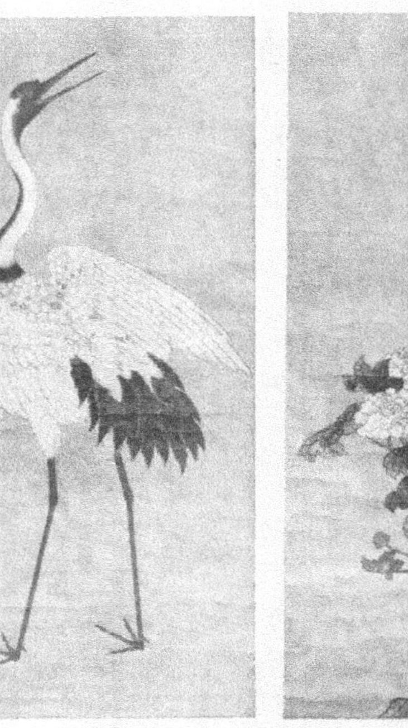

MOTONOBU

OISEAUX ET FLEURS ✱
SÉRIE DE TROIS TABLEAUX

VÖGEL UND BLUMEN
SERIE VON DREI BILDERN

BIRDS AND FLOWERS
SET OF THREE PAINTINGS

pour ces Japonais, la personnalité humaine n'était pas le perfection finale, permanente dans sa splendeur comme le cristal de roche. Ce n'était que l'éphémère goutte de rosée qui réfléchit un instant les beautés de la terre, pour se dissoudre immédiatement dans l'infinie transformation de la vie universelle.

III.

En 1397, le Shogun Yoshimitsu abdiqua en faveur de son jeune fils, et se retira dans son Pavillon d'Or qu'il avait fait construire au pied des collines voisines de Kioto, au bord d'un petit lac, au milieu d'arbres séculaires. En 1472 de nouveau, eurent lieu l'abdication et la retraite du Shogun Yoshimasa, prince de la même dynastie des Ashikaga. Lui aussi, s'était choisi un asile qu'il dénomma le Pavillon d'Argent.

Autour des ces souverains retirés du bruit du monde, s'était formé un groupe de poètes, d'artistes, de philosophes qui créèrent la Renaissance nouvelle. A la tête du mouvement se placèrent Shiubun et Sesshiu, à qui nous devons l'origine de deux écoles bien distinctes: les partisans de Shiubun constituèrent ce que nous appelons l'école Chinoise, et les élèves de Sesshiu formèrent l'Ecole de Sesshiu. Un peu plus tard fut créée l'Ecole de Kano.

Son fondateur, Kano Masanobu, né en 1453, mourut, à s'en rapporter à une tradition digne de foi, en 1490. Ses oeuvres sont peu nombreuses. Nous donnons ici la reproduction d'une toile du British Museum qui, outre le charme de la rareté, offre celui d'une légère coloration, et celle d'un petit paysage monochrome, propriété de Mr. Arthur Morrison.

Masanobu était un artiste d'un tempérament affiné, et ses meilleurs paysages sontconçus dans un style élevé et spirituel. Dans une de ses toiles les plus célèbres, nous voyons un Sage Chinois, dont la retraite est consacrée à la contemplation du lotus, assis dans sa barque sur un lac aux eaux calmes, par une belle matinée. De légères branches de saule retombent sur l'eau dans l'air embrumé, et sur la surface du lac les fleurs sacrées s'ouvrent à la lumière, exactement comme l'âme humaine, d'après la doctrine boudhiste, s'élève en vertu des aspirations innées des passions basses d'ici-bas vers la paix de l'Eternité. Une toile de ce genre doit sa haute signification à la doctrine de la secte de Zen ou de la Contemplation. Presque tous les artistes de cette période étaient de fait prêtres de la secte. La doctrine de Zen, sous bien des rapports, peut être comparée aux tendances qui ont trouvé leur expression dans la Réforme en Europe. Elle représentait un puissant effort de l'esprit pour l'atteinte de la liberté et de la réalité. Elle fut une réaction contre le cérémonial exagéré du Boudhisme et contre les superstitions qui avaient envahi ses rites. Son but principal fut le développement du sentiment de la dignité humaine. Elle proclamait le dédain de toutes les formes extérieures et des liturgies compliquées, comme de tout ce qui tend à réfréner et à pétrifier les puissants élans de l'âme. Mais, s'il est vrai que dans sa tendance générale la doctrine de Zen offre une analogie réelle avec l'idéal de la Réforme, tel qu'il se trouve incarné dans des hommes comme Erasme, son oeuvre extérieure en diffère du tout au tout. Son austérité n'avait rien de l'agressif ou du rébarbatif du Protestantisme. Foin de la tristesse! Elle aimait la gaîté.

Une autre oeuvre de Masanobu représente les trois grands philosophes Boudha, Confucius et Laotzu groupés et portraicturés, non pas avec la solennité hiératique d'un morceau destiné à l'autel de Boudha, mais sous des traits purement humains, le sourire sur les lèvres.

Le choix de la technique répondait à ces idées prédominantes. Comme toujours en Chine et au Japon, on n'employait que la détrempe ou l'encre de Chine sur la soie ou le papier. On ne faisait aucun effort pour faire produire à ces matériaux de riches ou fulgurants effets; on évitait l'emploi de couleurs opaques, le but de l'artiste n'étant que suggestive légèreté. Un coup de pinceau sur la soie ou le papier reste visible à jamais. Il ne peut être question de retouches ou de corrections. De là, la nécessité d'une touche rapide, passionnée, sûre. Et la vigueur du coup de pinceau modulant et expressif est la première des qualités techniques qu'apprécient les connaisseurs indigènes dans la peinture japonaise. Chez Masanobu nous trouvons déjà des indices de cette ligne si singulièrement souple et ample qui fut la marque distinctive de l'idéal des Kano. Il est à peine possible de trouver les

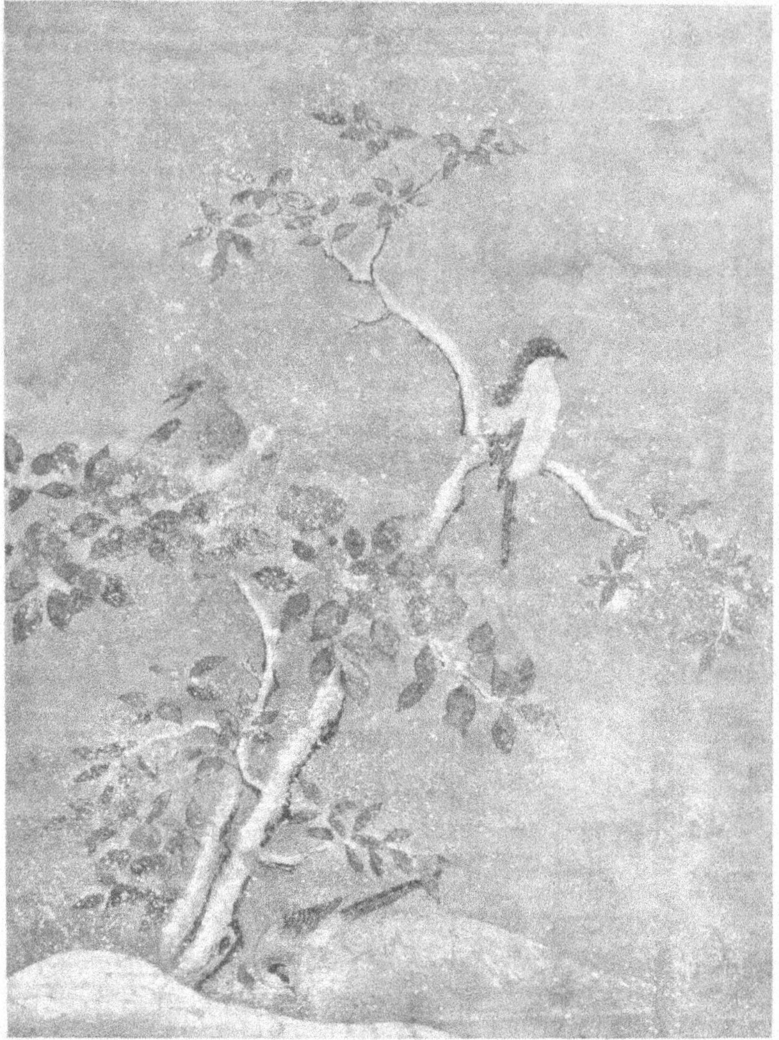

OISEAUX ET FLEURS DANS LA NEIGE — VÖGEL UND BLUMEN IM SCHNEE — BIRDS AND FLOWERS IN SNOW

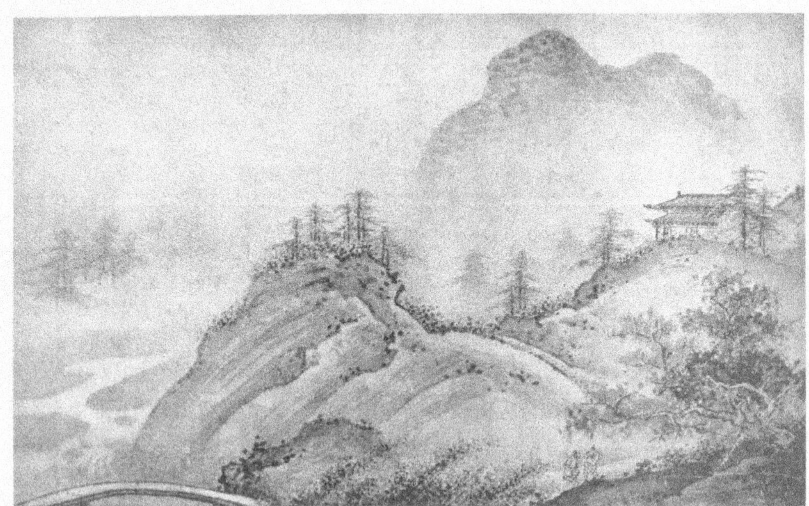

Masanobu

PAYSAGE — LANDSCHAFT — LANDSCAPE

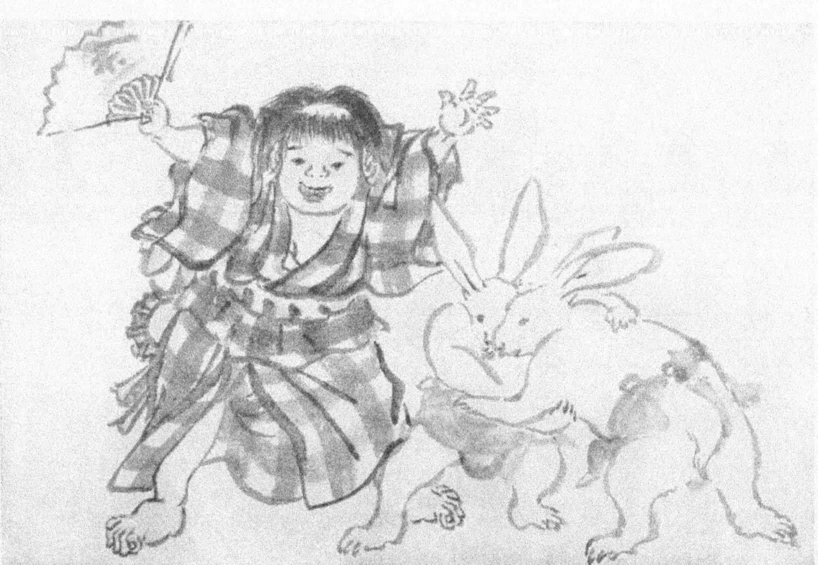

Hoko

LUTTE DE LIÈVRES — HASENKAMPF — HARES WRESTLING

mots appropriés pour expliquer les différences de caractère qui distinguent le style des Kano des autres styles des écoles chinoise et Sesshiu, quoiqu'elles apparaissent au premier coup-d'oeil au chercheur qui compare. Qu'il nous suffise de dire que le style de Kano est plutôt calligraphique; il tient plus à la beauté et à la vigueur du coup de pinceau considéré en lui-même.

IV.

L'art de Masanobu fut, comme celui de la plupart de ses contemporains, une tentative de résurrection de l'art des maîtres chinois de l'époque des Sung modifié par l'adjonction d'une note personnelle.

La manière des Kano se développe avec son fils Motonobu et adopte un caractère plus définitivement japonais. Sans les efforts de Motonobu, il est probable que cette école se serait laissé entraîner par le flot envahisseur de la résurrection chinoise, et ne serait jamais devenue la force directrice qu'elle devait devenir pour l'art japonais, à tel point que souvent Motonobu est considéré comme le vrai fondateur de l'école des Kano.

Motonobu entreprit la tâche, que devait compléter plus tard son petit-fils Yeitoku, de faire pénétrer le style classique et la limpide atmosphère des Chinois dans l'art national des Japonais. Rubens, en Europe, nous donne l'exemple d'une fusion analogue. Bien des artistes de la résurrection chinoise au Japon s'attachèrent simplement à la reproduction de la manière chinoise, sans guère plus de succès que les Flamands italianisants du XVIème siècle avant l'arrivée de Rubens; mais Motonobu et Yeitoku furent capables d'infuser une nouvelle vitalité, une nouvelle énergie au mouvement, tout en restant japonais de coeur, et leur succès fut égal à celui du grand maître anversois.

Motonobu naquit en 1476, atteignit un âge avancé sans cesser de produire et mourut en 1559.

Elève de son père Masanobu, il resta longtemps pauvre et ignoré; il passa ainsi nombre d'années en voyages et en études. Mais dès l'âge mûr sa réputation était faite; au déclin de sa vie il fut comblé de gloire et d'honneurs. Il reçut le titre sacerdotal de „Hogen", et souvent on le cite sous le nom de „Le Vieux Hogen".

La toile du British Museum que nous reproduisons et qui représente Shoriken traversant la mer en marchant sur une lame d'épée, témoigne admirablement de la puissance du style de Motonobu. Shoriken est un de ces prêtres-magiciens de la légende Taoïste, doués de facultés surnaturelles. Il fait partie du groupe des Huit Génies si souvent reproduit par les artistes de la Chine et du Japon. Ici, nous le voyons représenté, proclamant le pouvoir de l'esprit qui lui permet de traverser les flots irrités sur une simple lame de fer, tandis que le vent s'engouffre dans ses vêtements et couvre sa longue chevelure de la mousse de l'écume. Quelle intensité dans l'expression de défi de ce magicien! Chaque coup de pinceau est nerveux et vivant, porté sur la soie avec la plus extrême véhémence, et cependant avec quelle merveilleuse exactitude! Il n'y a pas trace de rudesse, ni de relâchement. Toutes ces qualités peuvent se constater dans les reproductions; mais ce qu'aucune reproduction ne peut rendre, ce qui constitue une des principales beautés de l'original, c'est la manière dont se pénètrent la masse mouvante de l'eau et l'espace embrumé de l'horizon.

Dans la même collection se trouve une série de trois toiles également reproduites dans cet ouvrage. Ces séries de trois ne constituent certes pas une rareté dans la peinture japonaise. Cette coutume de produire des oeuvres sous forme de triptyques provient, sans aucun doute, de l'ancien art religieux, même lorsqu'elles ont cessé depuis longtemps de représenter des divinités boudhiques ou des Saints. La déesse de la Miséricorde, Kwannon, occupe fréquemment le panneau central, flanquée de paysages, de fleurs ou d'oiseaux. Dans l'exemple qui nous occupe, bien que le sujet central soit une grue, bien que les morceaux qui l'accompagnent représentent des oiseaux et des fleurs, on sent dans le choix du sujet l'atmosphère particulière de la pensée de Zen. Notez par exemple, l'extraordinaire suggestivité du dessin de la troisième de ces toiles. Il nous semble être au pied d'une montagne au-delà de laquelle se trouve l'immensité du monde. Le ciel s'élève à l'infini, laissant à l'oeil un espace vide rempli cependant par le vent

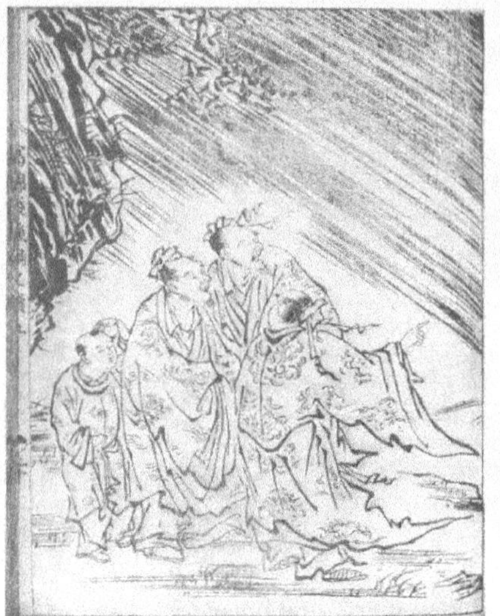

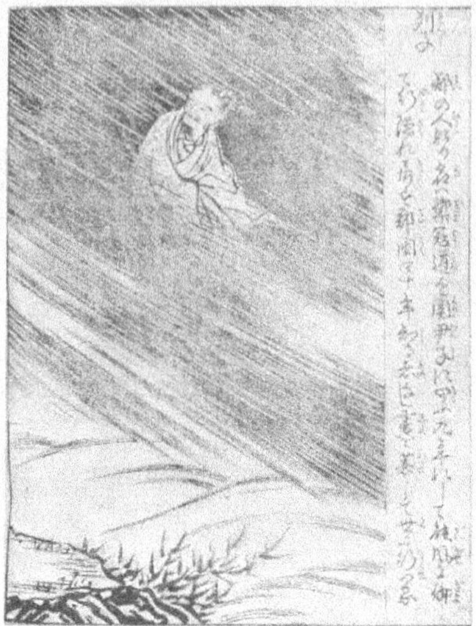

TACHIBANA MORIKUNI

APPARITION D'UN SAGE DANS UN NUAGE — ERSCHEINUNG EINES GELEHRTEN IN EINER WOLKE — SAGE APPEARING IN A CLOUD

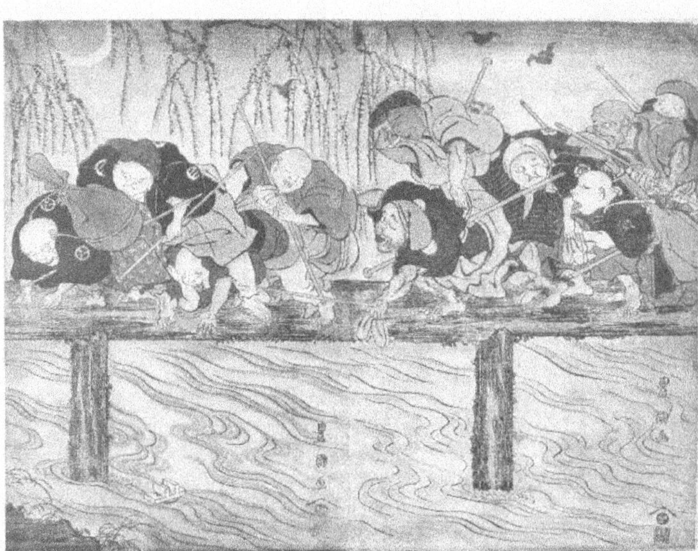

TOYOKUNI DANS LA MANIÈRE D'ITCHO — TOYOKUNI IN ITCHOS MANIER — TOYOKUNI IN THE STYLE OF ITCHO

AVEUGLES SUR UN PONT — BLINDE AUF EINER BRÜCKE — BLIND MEN ON A BRIDGE

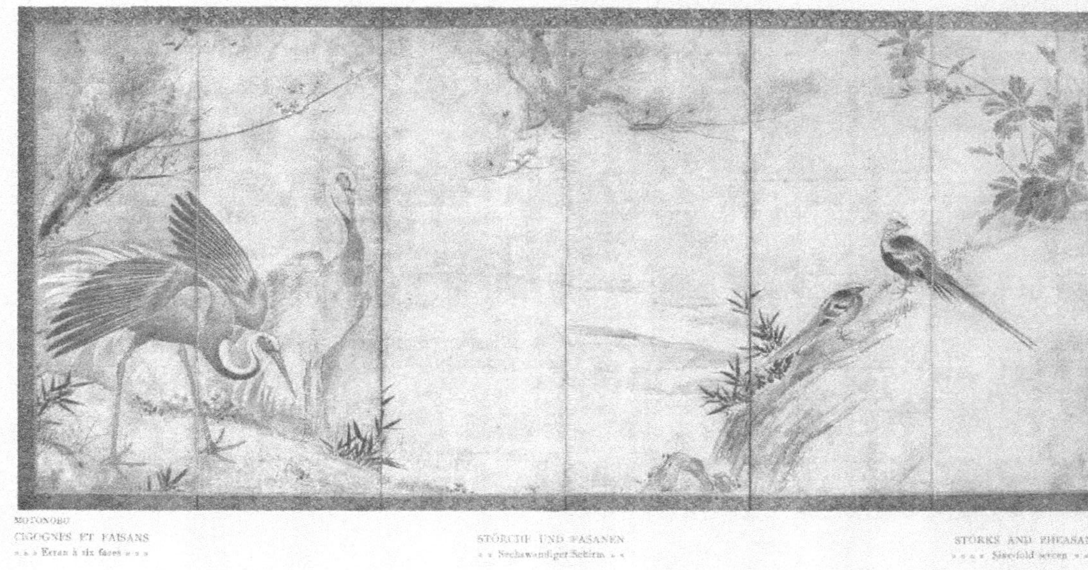

MOTONOBU

CIGOGNES ET FAISANS
» » » Ecran à six faces » » »

STÖRCHE UND FASANEN
» » Sechswandiger Schirm » »

STORKS AND PHEASANTS
» » » » Sixfold screen » » » »

qui courbe les tiges souples de l'althée (le fuyo des Japonais); les fleurs délicates tremblent sous le souffle de l'air. Le petit oiseau perché tout en haut a peine à se maintenir contre les efforts du vent. Tout dans la toile contribue à produire la sensation de l'infini, mais d'un infini débordant de vie. Le spectateur sent instinctivement qu'il est partie de ce tout illimité et vivant et qu'en lui aussi, pour peu qu'il soit aussi sensible que les fleurs, la présence de l'Esprit qui „souffle où il lui plaît", pour parler comme l'Evangile, manifeste sa puissance et sa beauté.

Tout ceci est foncièrement caractéristique de la pensée Zen. De même que les maîtres de cette doctrine attachaient de l'importance, non à la reproduction de cérémonies religieuses, non à l'adoration d'images sacrées, mais bien à la communion réciproque des esprits, ainsi qu'à la communion de l'esprit avec la nature, les peintres-prêtres de Zen exprimaient leur émotion religieuse, non en figures de Boudha ou de Bodhisattva, non en types figés et conservés par une longue tradition, mais au moyen d'un rameau fleuri, de la rerésentation des crêtes de montagnes enveloppées de nuages, au moyen d'une tremblante branche de bambou courbée par le vent. Chacun de ces symboles était une manifestation de l'Esprit Universel, dont la contemplation, à leur avis, conservait à l'esprit sa légèreté et sa liberté bien mieux que la contemplation hiératique tout auguste, tout sublime qu'en soit l'objet.

L'un des chefs-d'oeuvre les plus célèbres de Motonobu représente un partisan de la doctrine Zend renversant d'un coup de pied un vase tenu en grande vénération comme symbole de la Pureté, pendant que ses compagnons regardent d'un oeil à la fois admiratif et terrifié cet acte téméraire. La toile proclame le mépris de Zend pour le respect conventionnel et superstitieux qui attache de la sainteté aux choses séparées de l'idée. Elle est reproduite dans le Magazine Japonais, le Kokka, No 213, accompagnée d'un essai sur l'art de Motonobu, dû à la plume de Kosaku Hamada. Ne semble-t-il pas paradoxal au plus haut degré, qu'une doctrine à ce point iconoclaste ait trouvé son expression suprême précisément dans l'art de la peinture? Et cependant il en est ainsi! Il est vrai toutefois que dans l'art inspiré de la pensée de Zen *le matériel est dissous dans l'idéal*, à un degré qu'aucun autre art n'a su atteindre. La peinture typique de Zen est le paysage, et en présence d'un paysage typique de Zen on a peine à se rendre compte des moyens employés par l'artiste. La pensée du peintre semble dégagée de la matière, dans un état pour la description duquel les mots nous manquent.

La puissance de Motonobu se fit remarquer surtout dans le paysage ou les sujets similaires. Dans cette sphère toutefois il n'atteint jamais l'élévation de la manière, la limpidité de l'atmosphère qui distingue l'art de son père Masanobu, et qui constitue la splendeur des paysages des grands maîtres chinois que tous ces artistes japonais prenaient pour modèles.

Nous donnons ici trois écrans splendidement décoratifs, de la collection Freer, à Détroit. Mais la force de Motonobu était dans sa diversité, dans sa variété de touche. Jamais il n'est le rêveur solitaire et poétique, mais bien le vif et large observateur; en cela il se montre vrai Japonais et proclame la différence de son tempérament et de celui des maîtres du Sung. Les sujets traités par son pinceau étaient tirés des paysages chinois, et les personnages qui de temps en temps les animent étaient des Sages de la Chine. Mais ses chefs-d'oeuvre ont pour base l'étude intime et constante de la montagne, de la brume, de l'eau de son propre pays. Pendant de longues années il parcourut les provinces du Japon, surveillant les effets de la lumière dans les vallées et les défilés, étudiant les baies rocheuses et les îles. Son pinceau a pu être quelquefois au repos, son esprit, par contre, jamais. Un beau jour, après avoir peint un sapin pour un certain temple, il prit subitement congé des prêtres et franchit les monts Hakone à pied. Quelques jours plus tard, il reparut dans le temple à la grande surprise des prêtres. A leurs questions il répondit que dans les vallées du Hakone il avait vu un sapin d'une telle beauté, qu'il ne pouvait plus trouver son ouvrage satisfaisant. Il était retourné pour recommencer son travail. C'est dans ce même temple qu'il peignit une série de grues; et à ce propos on dit de lui, que chaque nuit il s'efforçait au moyen de contorsions des bras et des jambes d'imiter les attitudes

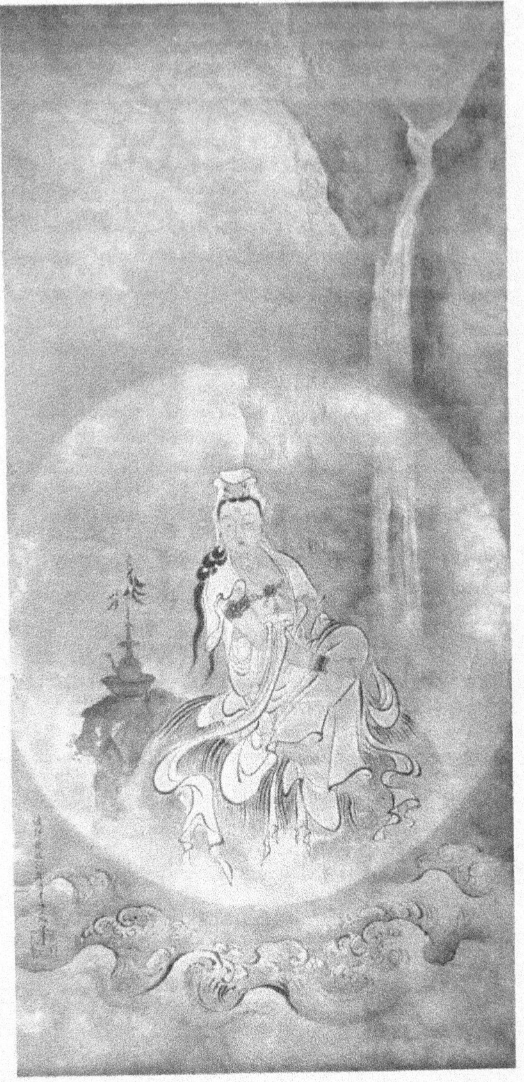

Tanyu

KWANNON

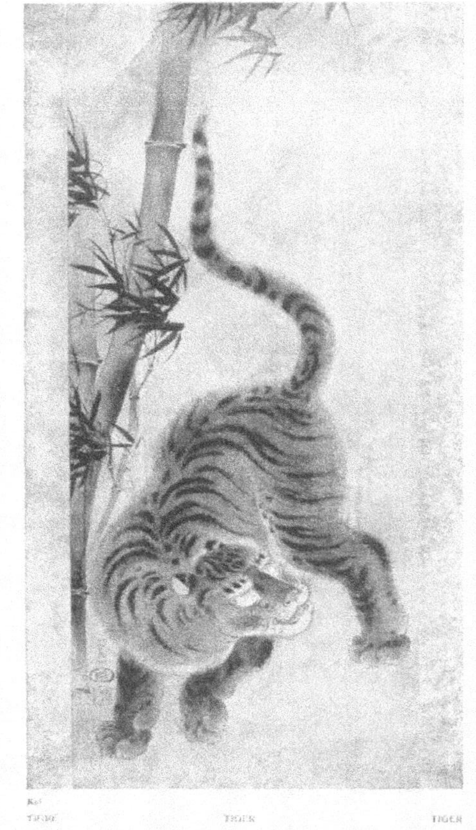

Kei

TIGRE TIGER TIGER

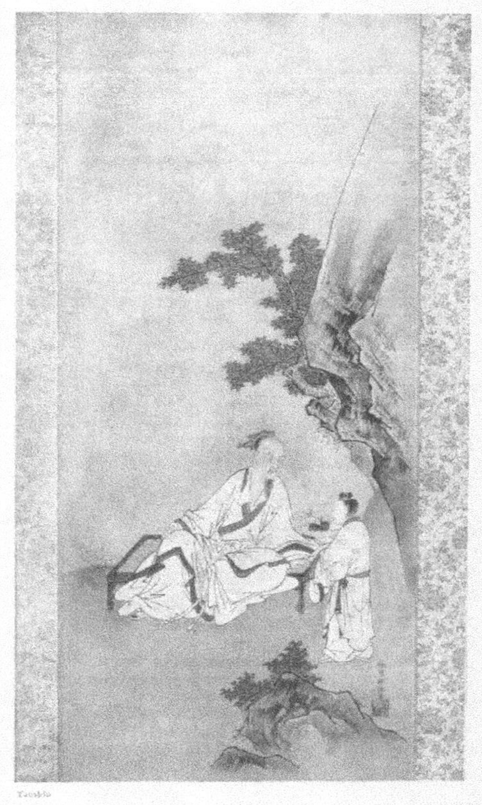

Tanshin

TOBOSAKU

qu'il avait l'intention de fixer sur la toile le lendemain, tâchant ainsi d'attraper par une sorte de sympathie le caractère intime de la vie qu'il allait représenter.

Un événement qui exerça une grande influence sur la vie de Motonobu fut son mariage avec la fille de Tosa Mitsunobu. Nous avons déjà dit que vers le XV ème siècle les glorieuses traditions de la famille de Tosa avaient subi une éclipse et que l'inspiration de ses membres semblait épuisée. Mitsunobu, il est vrai, fut un artiste qui, dans des temps plus reculés, aurait compté parmi les plus grands de son école; il demeura avec une grande persévérance fidèle aux traditions de la maison, mais l'esprit de sa génération était contre lui, et il n'eut pas le pouvoir d'insuffler une vie nouvelle dans les conventions de la Tosa. Mais voici que Motonobu devient son gendre, et à sa mort, le représentant de la maison rivale des Kano lui succéda dans les honneurs. L'école des Tosa avait toujours été considérée dans un certain sens comme l'école nationale du Japon, ce qui fait que par le mariage de Motonobu la famille Kano hérita de tous les honneurs dont disposait la Cour et, dans de larges poportions, de l'ancien prestige de Tosa. L'école de Kano devenait le représentant de l'art national japonais à un point de vue que ne pouvaient atteindre les autres écoles de la Renaissance Chinoise. Un fait encore qui fortifia sa position, c'est que les Kano étaient des artistes de profession, tandis que les adhérents des écoles chinoises étaient des prêtres simplement amateurs de peinture.

Motonobu apprit la manière des Tosa de son beau-père. Il ne faut jamais perdre de vue que les manières ou les „Ecoles" de la peinture japonaise se distinguent entre elles par des caractéristiques de détail nettement définies. Un peintre pouvait, quand il le voulait, peindre dans le style de l'école rivale, mais ce faisant, il ne faisait que déguiser sa propre manière; pour les Européens du moins, elle devenait méconnaissable. C'est là une des nombreuses difficultés que rencontre le critique occidental, et qui souvent causent de graves erreurs. Ainsi, il se trouve au British Museum une série de toiles représentant l'histoire de Raiko et de Shiuten Doji. Le Dr. Anderson les catalogua comme oeuvres de l'école de Tosa; mais de fait, ce ne sont que des copies d'un rouleau (Makimono) dû au pinceau de Kano Motonobu. Nous reproduisons ici une partie de cette oeuvre. On y remarquera que le peintre a adopté les dispositions générales et le coloris de Tosa, mais qu'il se trahit par les caractéristiques coups de pinceau. Nous voyons là une première tentative de fusion des deux styles chinois et japonais, tentative qui atteignit son plein développement dans l'école de Korin.

Un autre ouvrage de Motonobu dans la manière de Tosa est une suite de six *makimono*, illustrations de la vie de Boudha Sakyamuni. Le critique japonais dont nous avons mentionné l'essai ci-dessus, lui est plutôt défavorable. Et à en juger par les reproductions publiées par Mr. Tajima, au Japon, Matonobu n'est pas dans ces toiles l'artiste impeccable que nous connaissons; on y sent trop la gêne d'une convention à laquelle il n'était pas habitué. Motonobu, nous l'avons vu, vécut jusqu'en 1559. Kano Utanosuké, son frère ou son neveu, lui survécut de près de vingt ans et mourut en 1575. Les oeuvres d'Utanosuké sont rares, mais il ne semble pas avoir été inférieur à Motonobu. Le tableau reproduit est d'une singulière finesse, d'une remarquable beauté. Il est exécuté avec une grande délicatesse de touche; le coloris en est calme, et si le sujet est un de ceux qui ne paraissent devoir mettre en évidence d'autres qualités que celles du naturalisme, il n'y en a pas moins dans le dessin un certain air classique qui se remarque immédiatement, quand on le place à côté des chefs-d'oeuvre des écoles naturalistes postérieures des XVIIIème et XIXème siècles.

Motonobu eut deux fils: Hideyori et Shoyei, dont le premier mourut jeune. Il a droit toutefois à une mention toute spéciale, car il fut le premier promoteur du mouvement incarné dans l'école dite d'Ukiyo-yé, école qui prit comme sujet principal la vie quotidienne et les plaisirs de la plèbe. Nous reviendrons sur ce mouvement quand nous examinerons l'oeuvre de Sanraku si intiment liée à ce nouveau point de départ. Qu'il nous suffise de remarquer ici que l'école de Kano, abandonnant l'étroit sentier de la tradition chinoise, commençait dès lors à s'étendre vers des directions nouvelles.

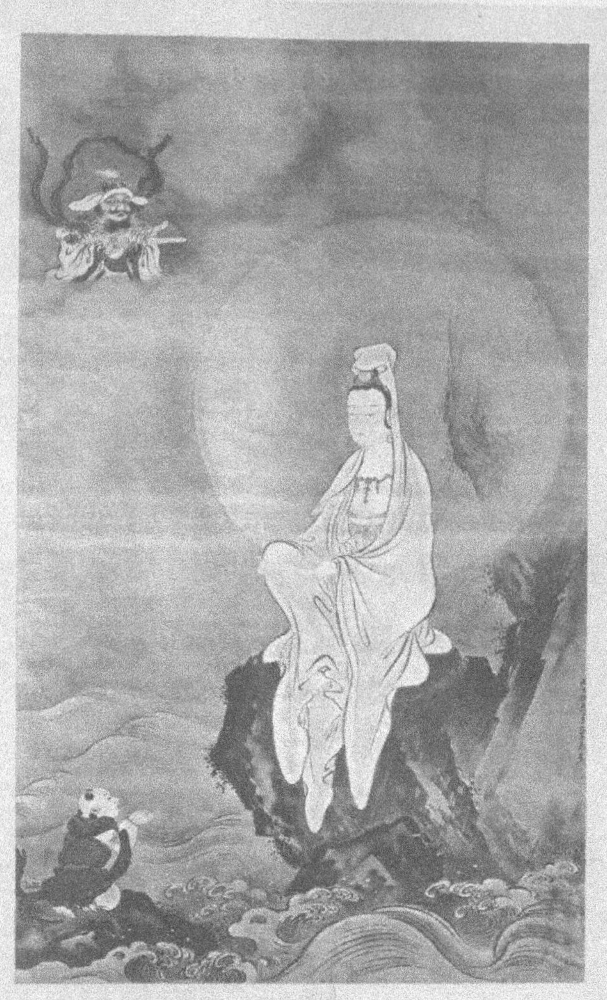

Kwanonn

V.

Le pouvoir des Ashikaga Shoguns, dont la culture et l'esprit esthétique ont exercé une si décisive influence sur les progrès de l'art de la Renaissance Chinoise, allait s'affaiblissant sans cesse dans le cours du XVIème siècle. En 1573, le dernier des Ashikaga fut déposé par le grand général Nobunaga qui établit une dictature militaire. La mort de Nobunaga amena au pouvoir suprême un homme plus grand encore, Hideyoshi. D'origine obscure, Hideyoshi, comme Napoléon, avait une ambition démesurée. Après avoir mis de l'ordre dans le chaos causé par les guerres des seigneurs, après avoir soumis tout le pays, il se proposa d'envahir tout le continent, de conquérir la Chine et l'Inde aussi, avec l'intention, en cas de succès, de transférer la capitale de son Empire à Pékin. Il envahit tout d'abord la Corée, mais un brusque trépas vint mettre fin à ses grandioses projets. Cependant, son passage au pouvoir, si court qu'il fut, exerça une influence énorme dans le domaine de l'art. A l'encontre de la délicieuse simplicité de goût des Ashikaga, on vit naître sous son règne une vraie passion pour la splendeur matérielle et la flamboyante décoration. Ce fut une époque de constructions. Des castels, des palais couvrirent tout le pays. Hideyoshi donna l'exemple avec le colossal palais de Osaka, commencé en 1583. Ses massives murailles cyclopéennes entourées de fossés dépassèrent tout ce qu'on avait vu jusque là au Japon. Plus tard, en 1594, il fit ériger le célèbre château de Momoyama qui a donné son nom à cette période de l'art japonais.

Bien qu'extérieurement un château-fort, Momoyama, à l'intérieur, était un palais garni des meubles les plus somptueux; chacune des tuiles de son toît était couverte d'or. Les barons ne tardèrent pas à suivre cet exemple; des armées d'ouvriers furent employés aux constructions; des artisans de toutes les professions, à la décoration, et les murs de ces palais se couvrirent de peintures d'une splendeur sans égale dues aux pinceaux de Kano Yeitoku et de nombre de ses élèves.

Pour la première fois dans l'histoire du Japon, l'influence de l'Europe se fait sentir. Dans le domaine de l'art, elle ne s'exerce pas autant dans la technique que dans la conception générale, bien que par-ci, par là, un ou deux artistes adoptent la peinture à l'huile et une manière modifiée dans le sens européen. Du reste, les idées de l'Occident étaient dans l'air; les idées d'expansion, d'audacieuse curiosité, de grandeur et de puissance matérielles. Les projets ambitieux de Hideyoshi portaient le reflet de l'esprit entreprenant des nations lointaines de l'Ouest. Déjà la Hollande et l'Angleterre, suivant l'exemple de l'Espagne et du Portugal, avaient tenté des échanges commerciaux avec l'Empire Insulaire. En 1542 eut lieu l'importation des armes à feu. En 1549 débarqua St. François Xavier qui prêcha le Christianisme. Pour un temps le Japon fut tiré de son isolement séculaire, possédé de l'esprit mondial, et ne songea qu'à se faire connaître, à faire sentir son existence aux autres peuples de la terre.

Cet esprit d'expansion, ce désir de splendeur se montrent dans l'art de la période Momoyama. Les oeuvres caractéristiques de cette époque furent de vastes écrans ou des décorations murales, ruisselants d'or et richement coloriés, en harmonie parfaite avec le nouveau et plus massif style de l'architecture. De fait, l'unité dans le domaine de l'art correspondant à l'unité dans le gouvernement résulta de l'ascendant et de la ferme domination d'Hideyoshi. Yeitoku est le grand protagoniste de l'art de cette période.

Comme peintre de personnages, comme superbe décorateur, il est l'égal de Rubens et du Veronèse. Au point de vue technique, son art doit quelquechose à la maturité du style de la période chinoise de Ming, que les conquêtes de Hideyoshi avaient rendue familière aux Japonais. Yeitoku adopta le coloris riche et condensé des maîtres de Ming; il se pourrait bien que sa résurrection de la couleur dût être attribuée à son désir de reconquérir la gloire de la vieille école des Tosa. Héritier des traditions élevées de l'ère des Ashikaga, avec tout l'éclat du coloris il conserva son grand air de noblesse, nous dirions presque de sévérité. L'oeuvre que nous reproduisons, un écran, propriété de Mr. Freer, de Détroit, nous montre à quelle grandeur sut atteindre l'art d'un Yeitoku. Que d'ignorance, que de légèreté dans l'opinion que l'art japonais ne s'occupe que de petites choses, incapable des vastes conceptions! Bien peu parmi les peintres-paysagistes

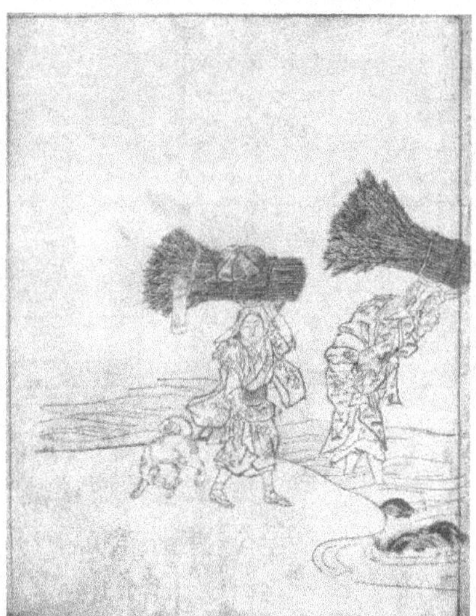

Toriyama Sekiyen

FEMMES TRANSPORTANT DES FAGOTS DE L'AUTRE COTÉ DU FLEUVE
FRAUEN TRAGEN REISIGBÜNDEL AUF DIE ANDERE FLUSSSEITE
WOMEN CARRYING FAGOTS ACROSS STREAM

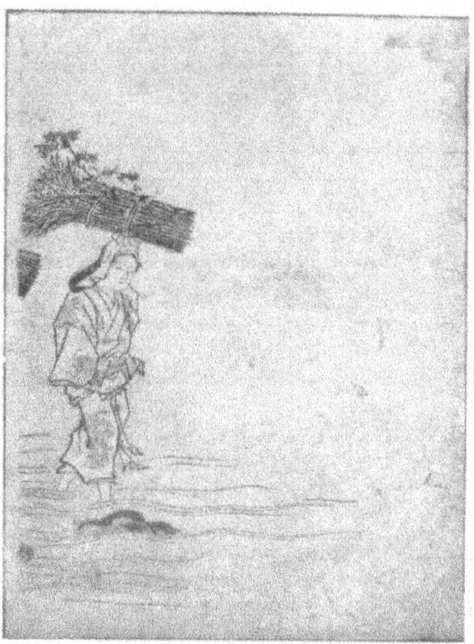

Toriyama Sekiyen

FEMMES TRANSPORTANT DES FAGOTS DE L'AUTRE COTÉ DU FLEUVE
FRAUEN TRAGEN REISIGBÜNDEL AUF DIE ANDERE FLUSSSEITE
WOMEN CARRYING FAGOTS ACROSS STREAM

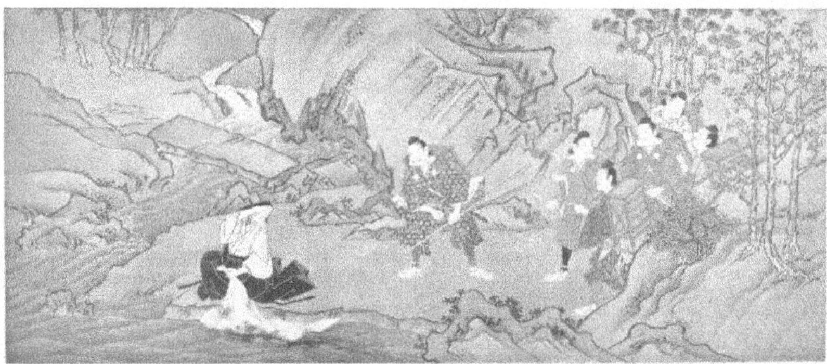

Motonobu

SCÈNE DE L'HISTOIRE DE RAIKO — SZENE AUS DER RAIKO GESCHICHTE — SCENE FROM STORY OF RAIKO

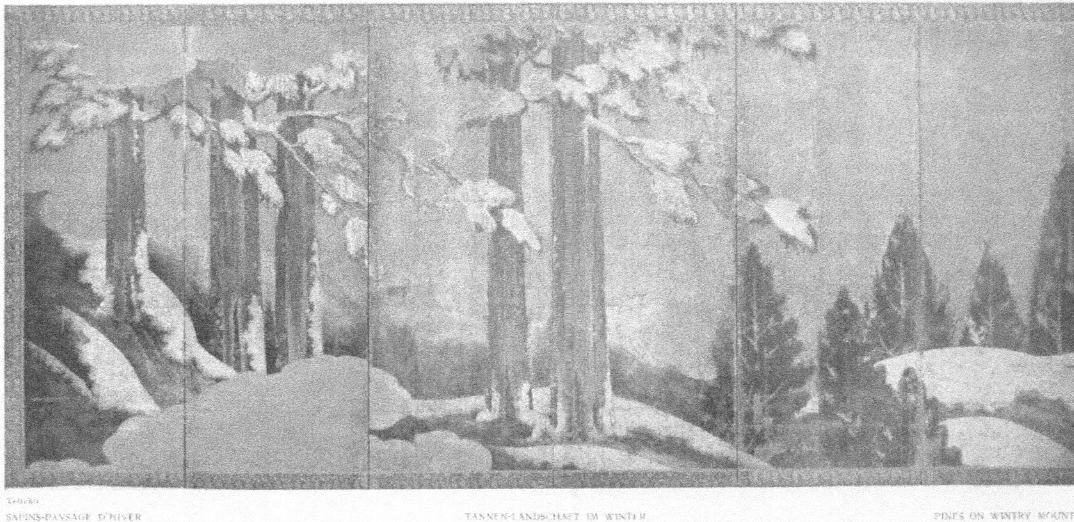

Tohaku

SAPINS-PAYSAGE D'HIVER — TANNEN-LANDSCHAFT IM WINTER — PINES ON WINTRY MOUNTAINS

européens ont approché de la dignité et de l'ampleur de cet écran, avec ses sapins s'élançant vers le ciel au milieu de la solitude des collines couvertes de neige. Sur d'autres écrans, Yeitoku a peint des personnages de grandeur surnaturelle, des scènes héroïques de l'histoire de la Chine; des tigres dans leurs antres inaccessibles, des oiseaux fabuleux au glorieux plumage dans les branches des arbres de la forêt. Nous pouvons nous imaginer les scènes de splendeur qui se déroulèrent quand Hideyoshi voyageait avec toute la pompe de la Cour, quand les écrans de ce genre, avec leurs arrière-plans faits de feuilles d'or s'étalaient pendant des lieues le long de la route que suivait le cortège.

La toile de petites dimensions de la collection du British Museum nous montre sous son coloris intense l'influence du style de Ming. Elle représente Mojo Sennin (Mao Nü), cette jeune fille d'honneur chinoise qui s'est acquis une sorte d'immortalité parmi les montagnards, et pouvait à volonté planer dans les airs.

L'élève le plus illustre de Yeitoku, Sanraku, lutta presque de magnificence avec son maître dans la peinture des écrans. Né en 1573, il fut d'abord page de Hideyoshi; mais Yeitoku ne tarda pas à découvrir son génie, le forma dans la peinture et lui donna sa fille en mariage. Il vécut jusqu'en 1635. Sanraku ne se distingua pas moins dans le pur style Kano dont il nous donne un magnifique témoignage dans les quelques toiles des Huit Génies reproduites ici. Il se lança aussi dans l'art populaire, suivant en cela l'exemple de Hideyoshi, et peignit des scènes de la vie journalière, dans le genre que devait illustrer Matabei.

Matabei exécuta presque exclusivement des peintures de genre, ce dont il se montrait très fier; aussi passe-t-il pour le fondateur de l'école de Ukiyo-yé à laquelle appartiennent Harunobu Utamaro, Hokusai et tous les illustres créateurs d'estampes coloriées du XVIIIème siècle. Sanraku, cependant, fidèle aux traditions aristocratiques des Kano ne signa jamais ses toiles de genre et n'en faisait qu'une sorte de passe-temps subreptice.

Shokwado, l'un des élèves de Sanraku, qui mourut en 1652 fut un artiste de haute distinction qui retourna à l'ancienne simplicité de style de l'époque des Ashikaga. Nous donnons de lui un paysage traversé par la pluie — lac et montagne — un chef-d'oeuvre impressionniste.

Un autre de ses élèves fut Shokwadu (1584—1639). Avec lui, de nouveau, nous avons un de ces prêtres de la secte Zen qui consacraient leurs loisirs à la peinture, et, de nouveau, il nous semble passablement étrange à première vue que des dessins légers et franchement humoristiques, tels que ceux que nous donnons ici, et qui pourraient plutôt se réclamer des Français modernes, de Forain par exemple, puissent avoir été l'expression intime de la pensée religieuse. Mais nous ne comprendrons jamais foncièrement l'attitude des Zen, tant que nous ne serons pas pénétrés de ce point de vue particulier. C'est le rire clair d'une âme libre! Voilà ce qui est au fond des aspirations des Zen; le rire qui a raison de la sombre humeur et de la superstition, et qui garde son respect pour la seule idée. Shokwado mania un pinceau vigoureux et spirituel. Il ne fut pas un peintre fécond, mais tout son oeuvre présente un caractère d'indépendance qui lui est propre

VI.

Pendant la troisième période de sa glorieuse carrière, l'art des Kano revint à ses traditions primitives. Avec le XVIIème siècle commença le gouvernement ferme des Tokugawa Shoguns fondé par Iyeyasu, le successeur de Hideyoshi. Toute communication avec le continent se trouva de nouveau coupée. Une administration forte mit fin aux guerres intestines, et le Japon entra dans une ère de séclusion et de paix profonde interrompue seulement par la Révolution de 1868. Réagissant contre l'extravagance et le faste de la période de Momoyama, le nouveau régime Tokugawa rechercha la sévère simplicité et s'attacha à faire revivre les moeurs de l'époque des Ashikaga. Mais les temps avaient changé! Le sentiment nouveau de la sécurité succédant à une longue période de guerre civile et de troubles incessants avait donné l'essor aux désirs de luxe et de bien-être.

Ce relâchement de l'esprit est clairement visible dans l'art de Tanyu: ce peintre exécute les sujets favoris des maîtres de la Renaissance Chinoise, des Sages, des paysages, des oiseaux, des fleurs, mais dans

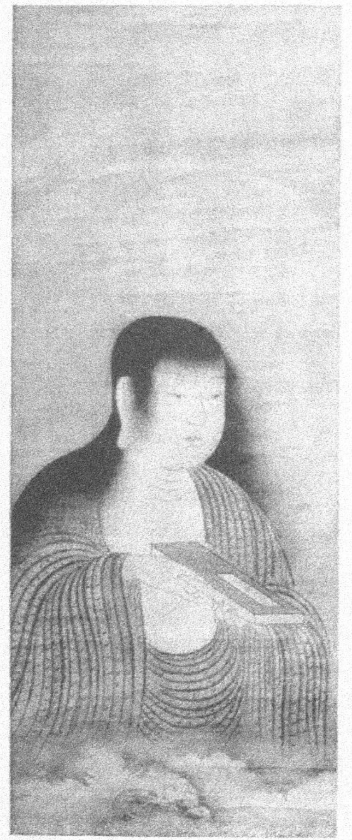

TANYU

MONJU

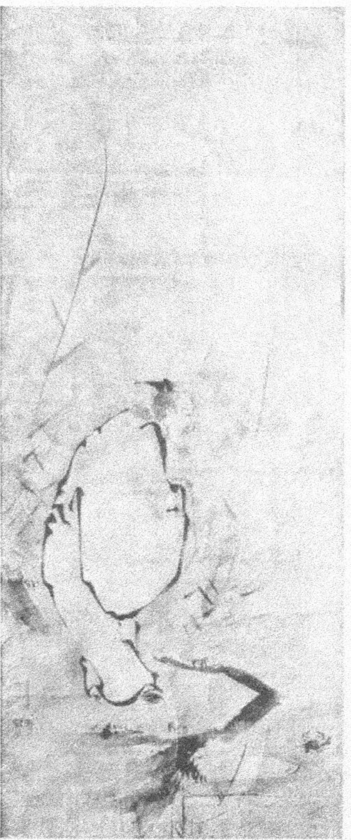

YUSHO

= = = SAGE SURVEILLANT UN CRABE = = =
GELEHRTER AUF EINE KRABBE LAUERND
= = = = SAGE WATCHING A CRAB = = = =

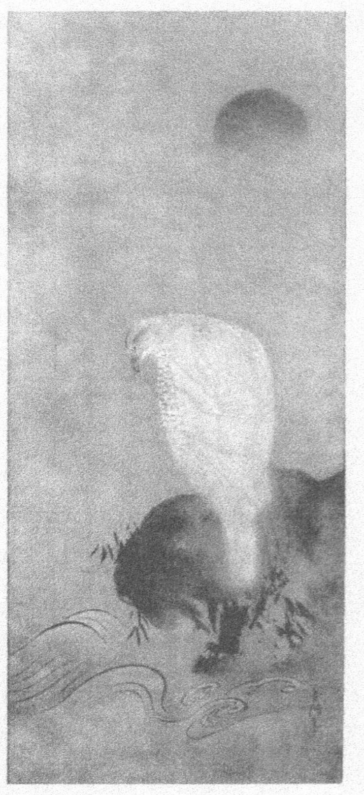

HISANOBU

FAUCON FALKE FALCON

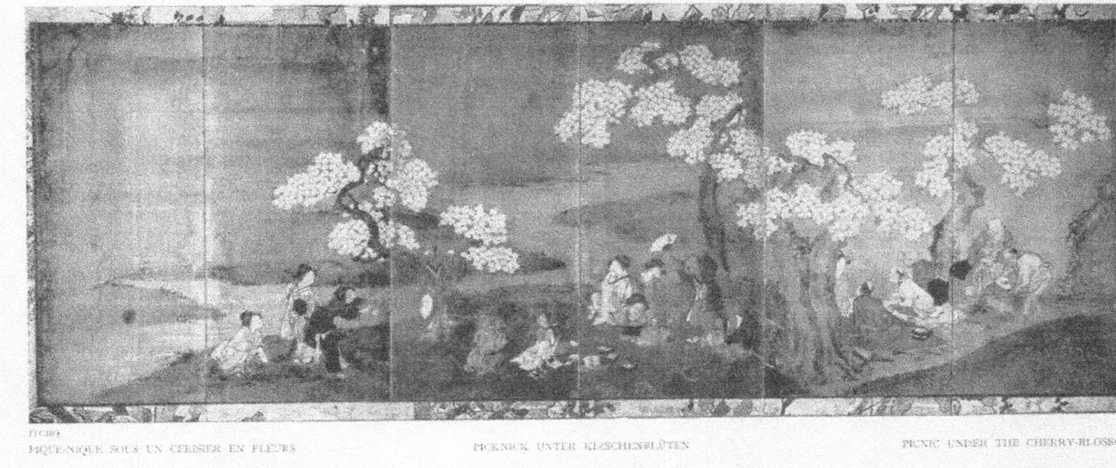

ITCHO

PIQUE-NIQUE SOUS UN CERISIER EN FLEURS — PICKNICK UNTER KIRSCHENBLÜTEN — PICNIC UNDER THE CHERRY-BLOSSOM

son art domine une tendance toujours croissante vers le faste. Sous ce rapport, il peut être comparé aux artistes du genre Hals en Europe. Sa technique est parfois relâchée, mais toujours extrêmement sûre d'elle-même. Il est le magicien du pinceau, surtout dans le monochrome, suggérant d'immenses espaces d'air en couleurs transparentes, pour créer d'un coup de pinceau inattendu et subit des rochers, des arbres, des montagnes voilées de brumes et des oies sauvages volant à l'horizon. Comme couleurs, il n'emploie presque exclusivement que le vert, le noir et un gris-argent rehaussé de quelques touches de rouge; système étrange qui peut rendre baucoup de beauté.

L'effet principal d'une toile de Tanyu est une joyeuse impression de triomphante maîtrise. Mais il ne se borne pas à ce rôle de virtuose. En ses mains, l'art des Kano est toujours capable de graves et sublimes conceptions, comme on peut s'en rendre compte dans nos reproductions. Le Monjiu surtout est une oeuvre pleine de noblesse. Les exemples que nous sommes à même de montrer peuvent donner une idée de la diversité de Tanyu, aussi bien que de la vigueur de sa ligne. Nul n'a poussé plus loin les audaces de l'impressionnisme, si ce n'est peut-être Turner dans sa vieillesse, et même dans les esquisses magiques du Turner de la dernière période, la vivacité du coloris est un élément d'à côté, détruisant l'unité, but essentiel de l'impressionnisme.

La maîtrise trop aisée de Tanyu, sa trop grande confiance amenèrent la décadence de l'école des Kano. D'autres, de moindre envergure, essayèrent de ressusciter sa puissance, mais ne réussirent qu'à imiter ses extravagances. Cependant le style de l'école se maintint encore un certain temps assez dignement. Et parmi les contemporains de Tanyu, il s'en trouva plusieurs qui résistèrent aux séductions de la grande facilité et choisirent de préférence les maîtres antérieurs comme modèles.

A leur tête on trouve les deux frères cadets de l'artiste, Naonobu et Yasunobu. Naonobu est un peintre de haute distinction. Son art est plus délicat, moins décidé que celui de Tanyu, mais dans son propre genre il est un grand maître de l'esquisse à l'encre, comme on peut s'en convaincre par les exemples reproduits ici. Yasunobu a moins d'individualité. Un écran de la collection du British Museum est un excellent spécimen de son travail, accompli sans doute, mais tant soit peu sec et académique. Notre illustration en reproduit une partie.

Dans la génération suivante, on voit briller Tanshin, le fils de Tanyu, son gendre Toun et son neveu Isenunobu, desquels Isenunobu est le plus célèbre, en grande faveur auprès de la critique japonaise. Le Kwannon est un bel exemple de son premier style, et les sages sur un lac éclairé par la lune, une toile magnifique dans son coloris tendre et modeste, fournissent un spécimen accompli de sa deuxième manière. Le groupe de Courtisanes reproduit ici est évidemment un sujet exceptionnel, une simple excursion dans le domaine de Ukiyo-yé. Toun également ne manque pas de grandeur. Sa couleur est parfois exquise, et la vigueur de son pinceau dans les oeuvres monochromes peut être appréciée dans les quatre paysages que nous donnons. Ils nous montrent que la tradition millénaire de la Chine pouvait encore produire de la fraîcheur et de la vitalité malgré son grand âge. Un artiste très remarquable qui, parcequ'il se rendit complètement indépendant, passe souvent pour le fondateur d'une nouvelle école, mais n'en est pas moins un peintre de l'école des Kano, ce fut Hanabusa Hitcho. Il est vrai qu'il fut aussi hétérodoxe que brillant, et son originalité amena la rupture avec son maître Yasunobu. Mais ses écarts de la tradition consistaient moins dans une modification de la manière des Kano que dans le choix de sujets démocratiques. Il aimait à représenter des scènes de la vie populaire et savait les rendre avec infiniment d'humour. Son esprit caustique lui causa de sérieux ennuis. En 1698, un de ses tableaux fut considéré comme attentatoire à la dignité des Shoguns, et il fut frappé d'une condamnation à douze ans d'exil. Il mourut en 1724.

Nombre de dessins d'Itcho eurent les honneurs de la gravure et furent publiés en volume. Sans contredit, ses oeuvres exercèrent une influence considérable sur l'école de Ukiyo-yé.

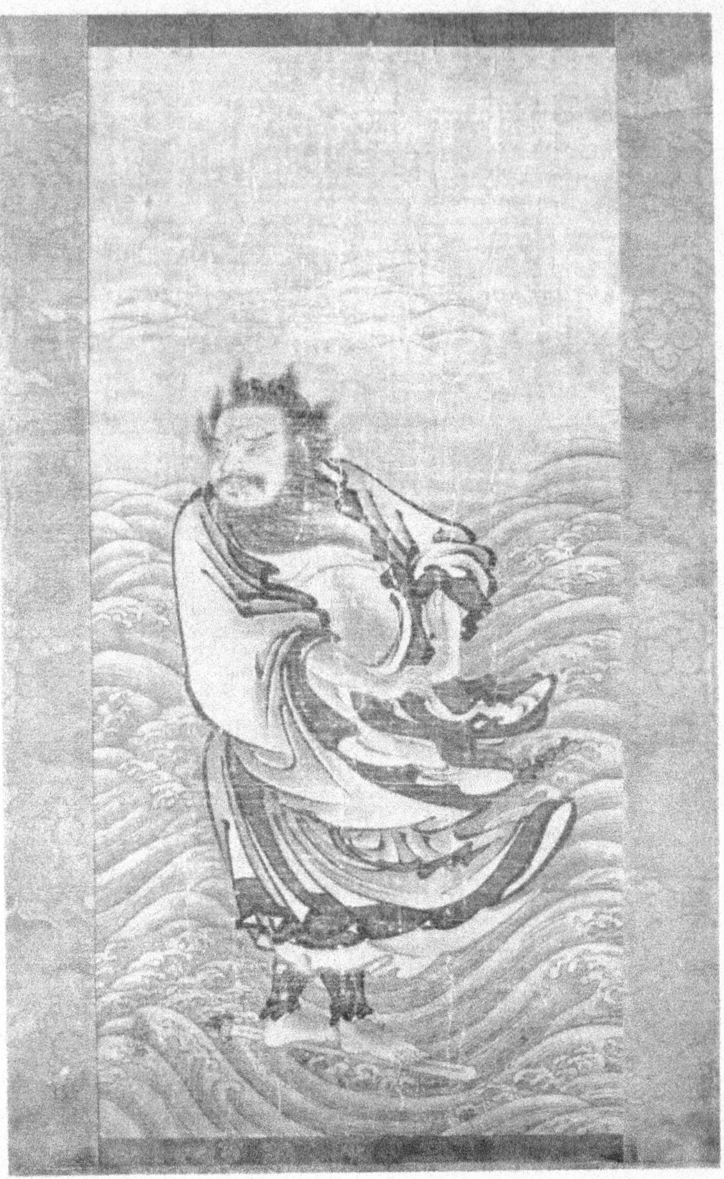

Mincho

SHORIKEN TRAVERSANT LA MER SUR UNE ÉPÉE
SHORIKEN SCHREITET ÜBER DAS MEER AUF EINEM SCHWERT
SHORIKEN CROSSING THE SEA ON A SWORD

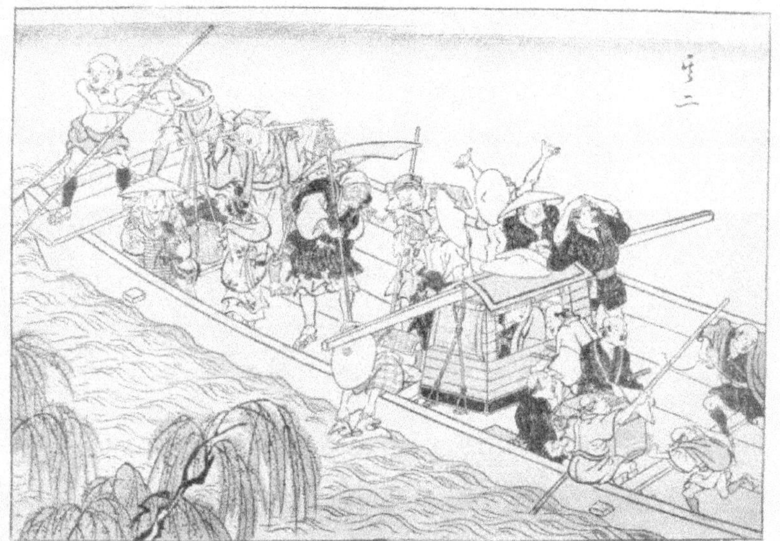

BAC — FÄHRE — FERRY-BOAT

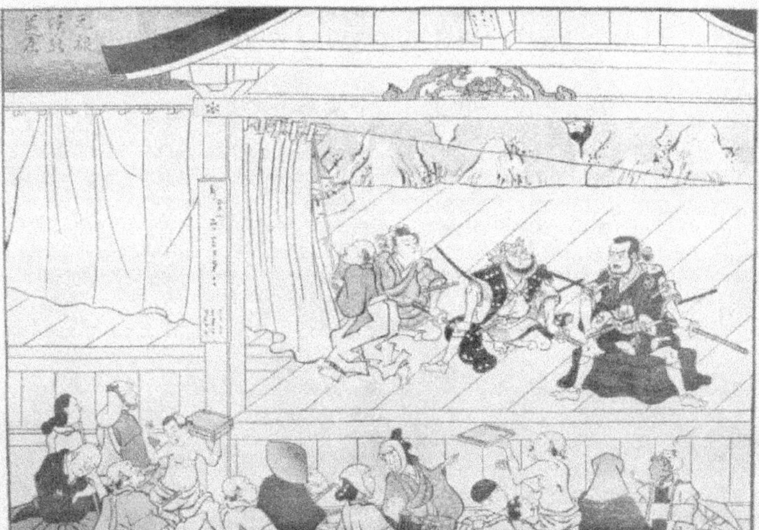

THÉATRE — THEATER — THEATRE

VII.

Durant tout le cours XVIIIème siècle et dans les premières années du XIXème, l'école des Kano demeura l'Académie officielle des peintres attachés à la cour des Shoguns à Yédo. A partir de ce moment les attaques contre sa suprématie ne manquèrent pas. A Yédo même florissait l'école des artisans de Ukiyo-yé, produisant d'innombrables tableaux et estampes coloriées pour la plèbe de la ville; et malgré le mépris des nobles et des aristocratiques Kano, leurs scènes représentant la vie joyeuse des basses classes étaient rendues avec une grâce et une vigueur qui ont plongé depuis tous les connaisseurs européens dans le ravissement. A Kioto aussi, il y avait une splendide école de peinture décorative fondée par Koyetsu et Sotatsu, dont l'éclat fut immense grâce au génie de Korin. Une nouvelle Renaissance Chinoise se produisit en outre au XVIIIème siècle; nombre de talents distingués adoptèrent la nouvelle manière de l'art chinois, tandis que sous la même impulsion se formait l'école naturaliste de Shijo, à la tête de laquelle se plaça Okio.

Il ne faut pas oublier toutefois que beaucoup de ces artistes étaient les rejetons de l'école des Kano. Le mouvement de Ukiyo-yé eut son origine, comme nous l'avons vu, dans la famille de Kano, avec Hideyoshi et Sanraku. Motonobu lui-même, le co-fondateur de l'école de Ukiyo-yé et le premier artiste qui consacra son génie aux dessins pour gravures sur bois, fut élevé dans les idées des Kano et peignit quelques-uns de ses tableaux dans leur manière. Sous ce rapport, l'illustration que nous donnons, une partie d'un makimono, propriété de Mr. Arthur Morrison, est une oeuvre remarquable. Un autre élève des Kano, Toriyama Sekiyen, fut le père de l'illustre Utamaro. Nous donnons deux illustrations tirées d'un volume estimé de gravures sur bois par Sekiyen. Le dessin de grand format — des paons et des pivoines — forme un splendide morceau décoratif. Et Yeishi aussi, l'un des plus distingués dessinateurs d'estampes coloriées, était un élève des Kano, peignant souvent dans la manière des Kano. Dans notre illustration des courtisanes rasent la tête du dieu de la Chance, Fukurokuju; tout, hormis les deux jeunes filles, est dans la manière des Kano.

Parmi les peintres du XIXème siècle, Kiosai est célèbre par son inépuisable fantaisies a riche et joyeuse invention. Le British Museum a de lui une longue série d'oeuvres gaies et satiriques, représentant, en majorité, des luttes d'animaux et de reptiles, et peintes avec une intensité, une verve comique que ne surpasse pas Hokusai.

Kiosai qui mourut en 1889 passe quelquefois pour un maître indépendant, mais les Japonais eux-mêmes le classent parmi les élèves des Kano. A l'heure qu'il est cependant, diverses influences tendent à faire disparaître autant que faire se peut les distinctions d'écoles.

Notre dernière illustration est d'un artiste vivant, Shimomura Kanzan; il nous intéresse surtout par son sujet qui est européen. Le peintre nous montre la face cynique du vieux Diogène, indiquant à peine les lignes du légendaire tonneau. Le sujet devait frapper fatalement un artiste japonais dans le pays duquel pullulent les Sages-Ermites. Nous préférerions l'absence de toute trace d'influence européenne, mais dans l'ensemble de sa conception, Kanzan reste néanmoins fidèle aux méthodes traditionnelles inhérentes à l'art de son pays.

VIII.

Nos lecteurs, surtout ceux qui ne connaissent la peinture classique du Japon que par les reproductions européennes qui ne rendent que très imparfaitement l'original, nos lecteurs, disons-nous, pourraient croire que nous avons outré les éloges qui reviennent aux productions de cette école des Kano. Certes, nous n'avons nullement l'intention de cacher ni ses défauts ni ses faiblesses. Nous estimons, au contraire, que le moment est venu de les discuter. Il s'en trouve dans le nombre quelques-uns qu'elle a en commun avec les autres écoles artistiques du Japon et de la Chine.

L'art européen, dans sa tradition, a concentré presque tous ses efforts sur la figure humaine. La représentation de personnages en action, en plein mouvement, en rapports réciproques, a ouvert un domaine qui peut s'étendre à l'infini; elle est le stimulant de l'invention qui a toujours été le facteur principal du développement du dessin en Europe. Mais quand nous examinons l'art asiatique, nous nous

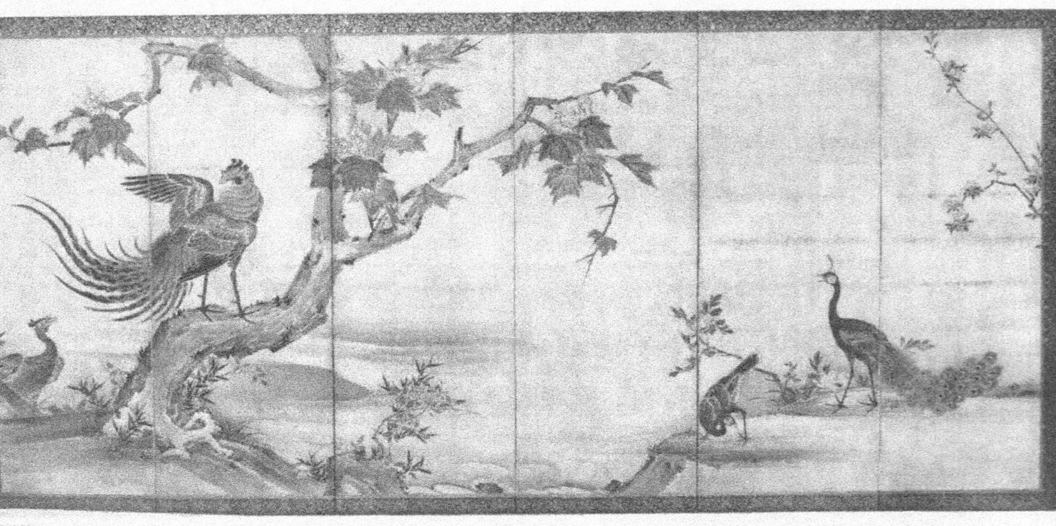

MOTONOBU

OISEAUX SUR UN MARAIS
Écran en six parties

VÖGEL AN EINEM SUMPF
Sechsteiliger Schirm

BIRDS BY A MARSHY RIVER
Sixfold screen

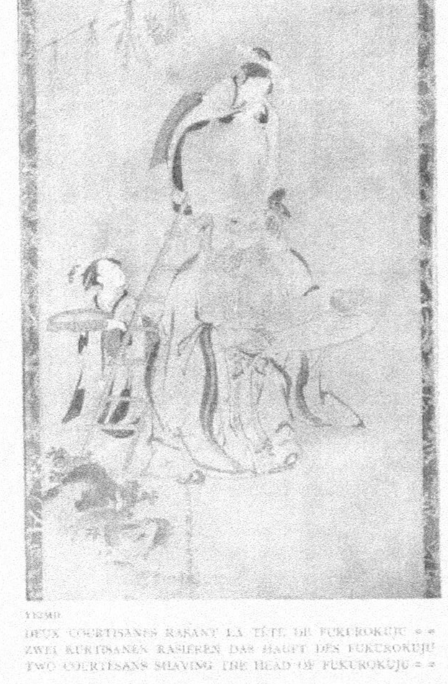

YESMO

DEUX COURTISANES RASANT LA TÊTE DE FUKUROKUJU = =
ZWEI KURTISANEN RASIEREN DAS HAUPT DES FUKUROKUJU
TWO COURTESANS SHAVING THE HEAD OF FUKUROKUJU = =

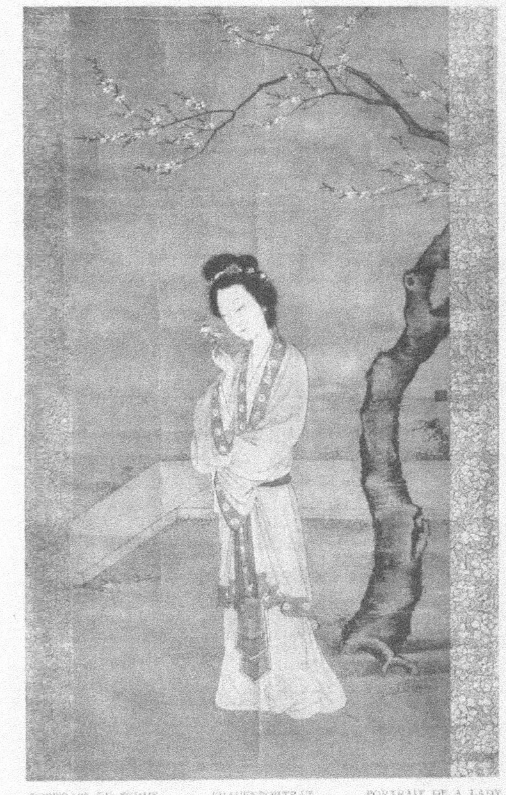

PORTRAIT DE FEMME — FRAUENPORTRÄT — PORTRAIT OF A LADY

XVI. Siècle Peintre chinois. Imitation de Tanyu et de son école = = = = = = = = = =
Chinesischer Maler aus dem 16. Jahrhundert. Nachahmung Tanyu's und seiner Schule
16th century chinese painter (imitated by Tanyu and his school) = = = = = = = = = =

trouvons en présence de conditions toutes différentes. Là, la figure humaine n'est pas prédominante. Cet art évite le nu. Bien des siècles avant l'Europe, la Chine a reconnu pour la peinture l'importance du paysage, de la pose des personnages en une attitude naturelle. Mais tout ce que représentent en Europe les écoles classique et académique, d'après une étude rigoureuse de la forme humaine et en vue de son effet intrinsèque, n'a pas de contre-partie en Extrême-Orient. Sans doute, dans la vieille école Yamato-Tosa qui incarnait la tradition nationale de la peinture japonaise, nous rencontrons quelques scènes vivantes, d'un mouvement plein de vigueur, d'une force et d'une conception magnifiques. Mais nous remarquons que c'est précisément dans cette école que l'élément paysage est supprimé ou bien reste conventionnel, exactement comme dans l'ancienne peinture de personnages en Europe. Mais, comme nous avons déjà eu l'occasion de le voir, la forme traditionnelle des travaux de ces peintres, les longs rouleaux, *makimono*, ne se prêtent guère au développement du dessin synthétique.

Dans l'école des Kano, comme du reste dans les écoles chinoises, ce n'est pas la forme traditionnelle, mais plutôt le sujet traditionnel, qui, jusqu'à un certain point, empêchait l'essor du génie inventif de l'artiste, du moins en ce qui regarde les rapports des personnages entre eux. Car les personnages des légendes boudhistes et taoistes se prêtent bien mieux à ce que l'on pourrait appeler le traitement statique; mais l'idée d'éloignement du monde que suggèrent sans cesse ces personnages exclut presque toujours ces études des mouvements réciproques qui ont été pour les peintres de personnages en Europe l'occasion des plus éclatants triomphes. Des personnages isolés, comme le „Shoriken" de Motonobu, sont dessinés avec une magnifique compréhension des capacités dynamiques du corps. Mais bien des peintres après lui, en reprenant ces personnages isolés, ne sont plus capables de leur infuser cette force dynamique et tombent dans la „formule". Et cependant, malgré tout, c'est le traitement des groupes de personnages, de leurs rapports réciproques dans l'espace, qui est le ressort principal du dessin; c'est lui qui, par les problèmes toujours nouveaux qu'il pose, par les difficultés qu'il présente, éveille toujours à nouveau l'intérêt des générations successives d'artistes.

Puis, l'école des Kano partage avec les autres écoles de la tradition chinoise certaines faiblesses de dessin qui font paraître la représentation picturale de ses personnages quelque peu monotone à l'oeil européen. Itcho a acquis de l'importance en appliquant le style de Kano à un sujet nouveau, à la vie du bas peuple; il lui a de la sorte infusé une vigueur nouvelle et stimulé l'esprit d'invention parmi les successeurs de l'école d'Ukiyo-yé. Chez quelques artistes comme Utamaro, nous trouvons le problème des rapports des personnages entre eux traité avec une facilité et une ingéniosité que peu de maîtres européens ont surpassées. Mais pour ce qui concerne la noblesse de l'idée et la richesse de l'imagination, ces mêmes artistes restent bien au-dessous des maîtres classiques de la Chine et du Japon, ainsi que des sommités européennes. Tout en reconnaissant ces faiblesses, nous jugeons inutile d'y insister outre mesure. Elles sont essentielles à l'art asiatique qui, après tout, a un idéal différent du nôtre. Mais, d'un autre côté, si nous examinons l'école des Kano, même au point de vue asiatique, il nous est impossible de nier la justesse des critiques de la partie adverse.

Malgré sa diversité, malgré sa vigueur, la tradition des Kano ne peut pas prétendre au titre de suprême représentant de l'idéal asiatique en peinture. Masanobu lui-même, dans ses toiles les plus parfaites, n'a en somme jamais atteint à la grandeur des conceptions, ni à la richesse d'imagination qui caractérisent les vieux maîtres chinois Mais ceux-ci, à leur tour, sont inférieurs au point de vue de la faculté d'impression, ce produit de la puissance intellectuelle.

A l'encontre de ces critiques, il nous paraît urgent de revenir sur quelques-unes des assertions émises au début de ce travail. La vitalité de l'école des Kano a été attribuée à l'effort fait pour donner à l'inspiration puisée au grand art de la Chine une forme vraiment nationale, pour ranimer ce qu'il y avait de vigueur dans la vieille peinture de la tradition purement japonaise, et pour amener la fusion de ces éléments nationaux avec le style synthétique, souple et libre des

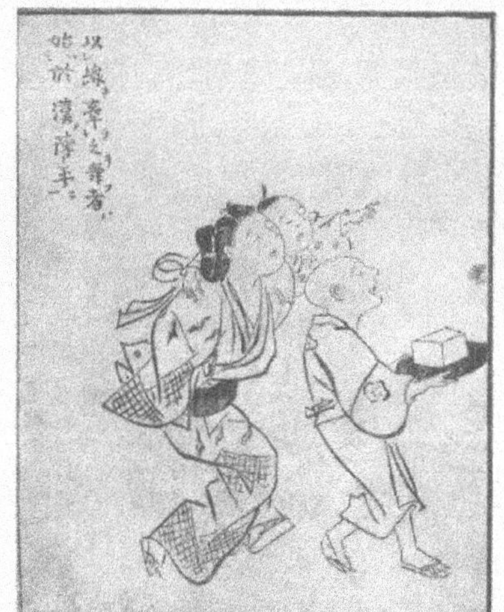

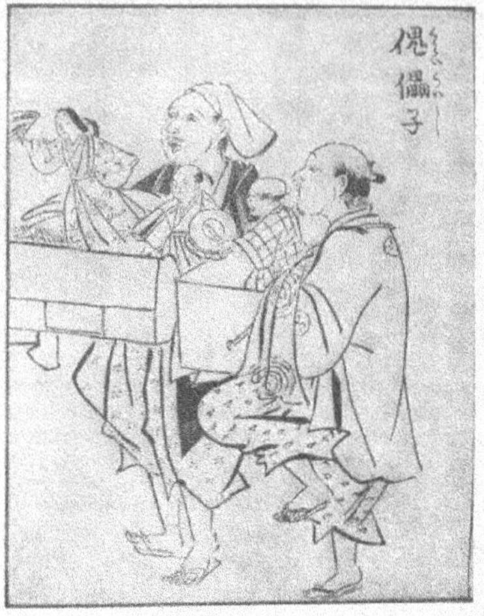

ITCHO

GUIGNOL — KASPERLE-THEATER — PUPPET SHOW

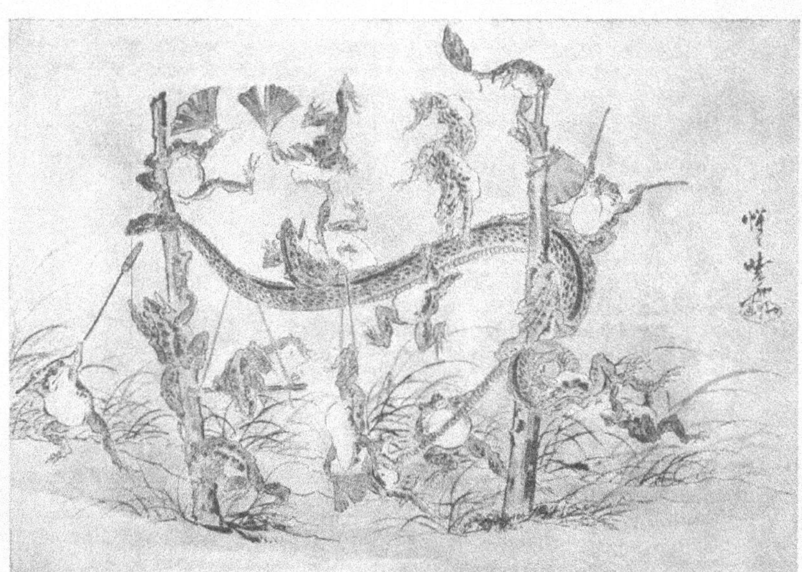

KIOSAI

SERPENT ET GRENOUILLES — SCHLANGE UND FRÖSCHE — SNAKE AND FROGS

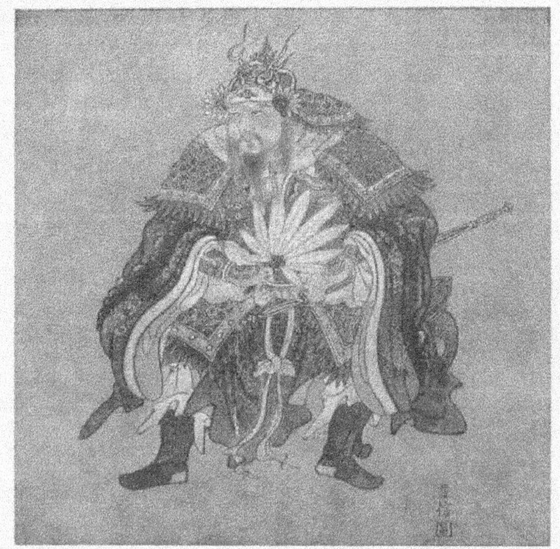

YOUS

HEROS CHINOIS — CHINESISCHER HELD — CHINESE HERO

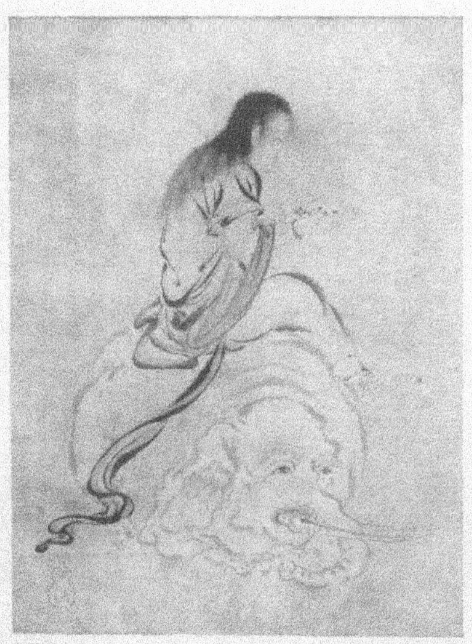

NAGNOBU

SAMANTABHADUA

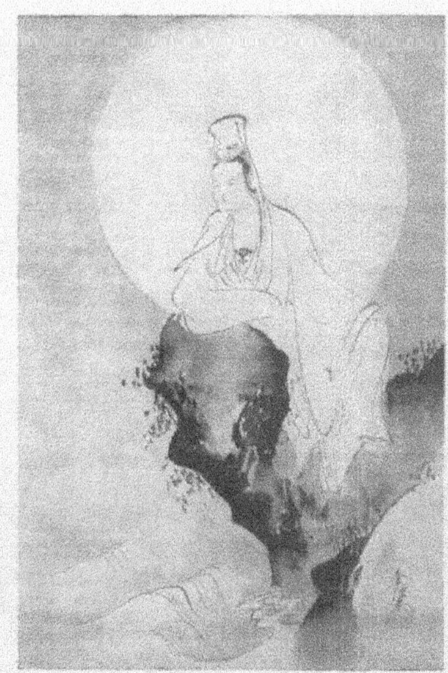

TSUNENOBU

KWANNON

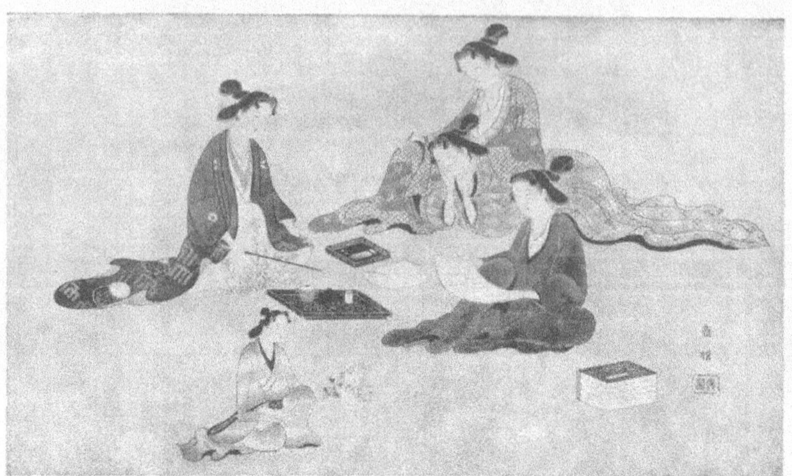

TSUNENOBU

GROUPE DE COURTISANES — GRUPPE VON KURTISANEN — GROUP OF COURTESANS

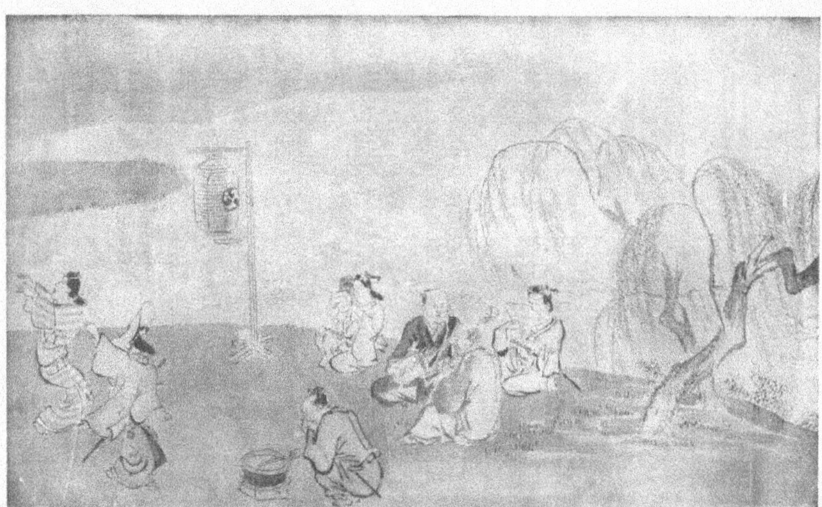

MORONOBU

CONCERT AU BORD DE L'EAU — KONZERT AM FLUSS-UFER — CONCERT ON A RIVER BANK

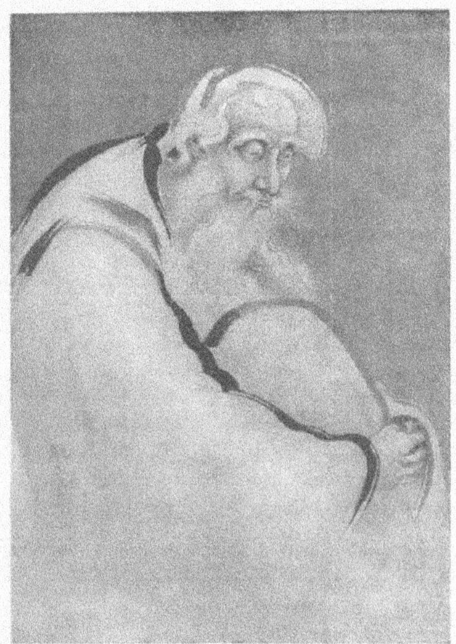

SHIMOMURA KANZAN

DIOGENES

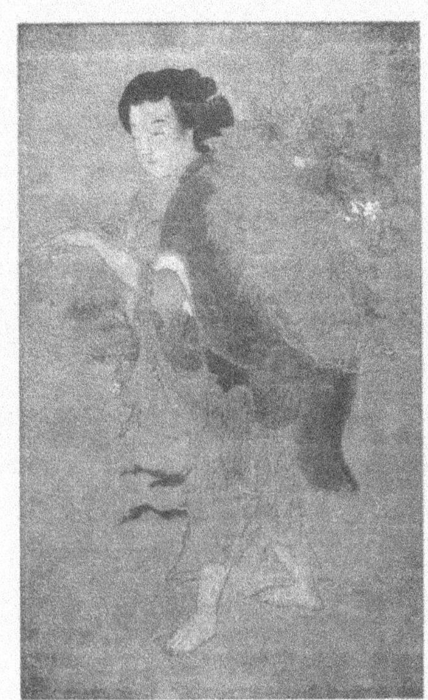

YEITOKU

MAO NÜ

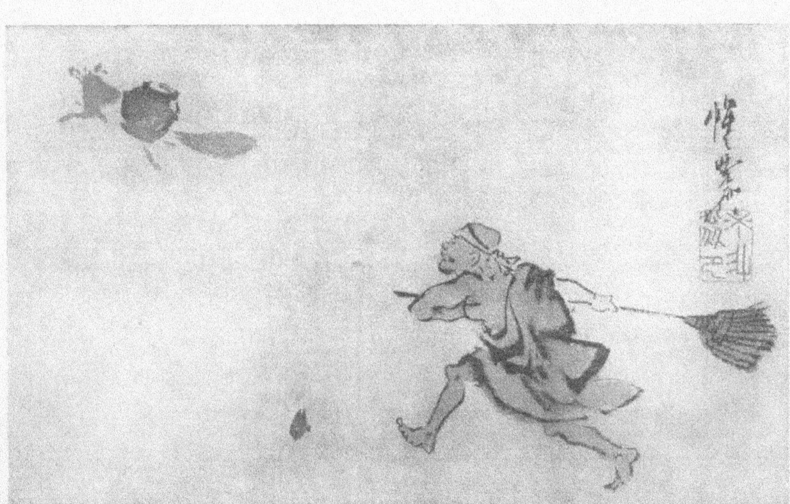

KIOSAI

HISTOIRE COMIQUE

KOMISCHE GESCHICHTE

COMIC STORY

maitres chinois. C'est cet effort qui a donné naissance à l'oeuvre magnifique de Yeitoku qui, à mesure que la peinture japonaise sera mieux connue en Europe, sera sans aucun doute mis au rang des plus grands maîtres du Japon. Somme toute, il devrait en toute justice être placé à la tête de l'école des Kano. Après lui, ce fut le tour de Sotatou et de Korin de développer la fusion des arts japonais et chinois inaugurée par Yeitoku; mais combien ces maîtres éminents de la décoration ne doivent-ils pas à ce novateur? A partir de Tangu, il est vrai, l'école des Kano, tout en continuant de produire des oeuvres charmantes, a sauvegardé son influence en servant de point de départ à quelques talents originaux, sans cependant produire elle-même de nouveaux chefs-d'oeuvre selon la doctrine académique. La force de cette puissante tradition toutefois est encore bien grande; le style des Kano resta comme un instrument qui, repris par un maître de l'envergure d'Itcho et appliqué à un nouveau sujet, n'avait rien perdu de sa force ni de sa verve.

IX.

Récemment, comme nous l'avons déjà dit, nous avons eu à signaler une forte tendance des diverses écoles de peinture japonaises à se modifier l'une par l'autre et même à se réunir, tendance qui pourrait bien être attribuée à l'exemple de l'Europe. En Europe, en effet, nous n'avons jamais rien eu qui ressemblât à l'extrême division des écoles au Japon. Celles-ci, nous le répétons, ne sont pas des écoles dans le sens que nous attachons à ce mot; elles ne représentent pas un style déterminé formant le fond d'une tradition qui prescrit la façon de représenter et le genre de convention à employer, qui impose certains coups de pinceau et en interdit certains autres.

Les peintres de l'Occident ont toujours eu la faculté de se créer une manière à eux, et bien que les imitateurs des grands maîtres novateurs tels que Raphael, Rubens, Rembrandt, aient singé la manière créée par ces maîtres, il n'en est pas moins vrai que leur imitation n'a pas suivi la règle inflexible d'une formule, comme cela se passe au Japon. L'art, au Japon, dans toutes ses manifestations, comme le prouvent d'une manière frappante le jardinage et l'arrangement des fleurs, est minutieusement codifié et soumis à une infinité de règlements et d'ordonnances; il n'échappe à la glaciale pédanterie que grâce à l'inspiration qui fait contribuer tous les détails à la formation d'un tout cohérent. En un mot, le goût y est organisé.

Nous avons dit d'autre part combien nous regrettions de voir Shimomura Kanzan, l'un des peintres vivants les mieux doués du Japon, s'être laissé influencer par les méthodes européennes dans sa saisissante toile de „Diogène". C'est surtout dans le modelé, dans l'effort d'exprimer le relief et les rondeurs que l'effet de l'Europe s'est fait sentir dans le nouvel art japonais. On pourrait nous demander pourquoi nous regrettons de voir le Japon adopter ce que nous considérons ici comme une supériorité de notre peinture. Pourquoi donc les artistes japonais n'emprunteraient-ils pas leurs méthodes aux Européens pour créer des chefs-d'oeuvre selon les doctrines de l'Europe? Il arrivera peut-être un jour où nous assisterons à la création de chefs-d'oeuvre de ce genre. Cependant nous nous permettons d'en douter, car toutes les tentatives faites dans ce sens ont piteusement échoué. Des traditions millénaires qui ont dominé à la fois la conception et l'exécution ne se laissent pas écarter ainsi en un tour de main, et vraiment nous ne le souhaitons pas. Les vieilles et grandes traditions de la peinture asiatique ont donné une vaste production picturale complémentaire de ce qui a été fait en Europe, inférieure en certains points, supérieure en d'autres. Au fond, l'idéal de chaque hémisphère, incarné dans l'art de chacun, est resté différent; nous dirons presque qu'ils sont incompatibles. Pourquoi donc l'un devrait-il engloutir et absorber l'autre?

Ce que le Japon pourrait apprendre de l'Europe, ce n'est pas un changement révolutionnaire lui imposant dans sa façon de voir et de représenter un mode nouveau auquel il est étranger, mais une attitude plus libérale dans le domaine de l'art.

Hokusai a été proclamé en Occident le plus grand des artistes japonais justement à cause de l'universalité de son talent. Et il faut reconnaître que par son exubérance, sa largeur, le vif intérêt qu'il témoigne pour toutes les manifestations de la vie et tous les aspects

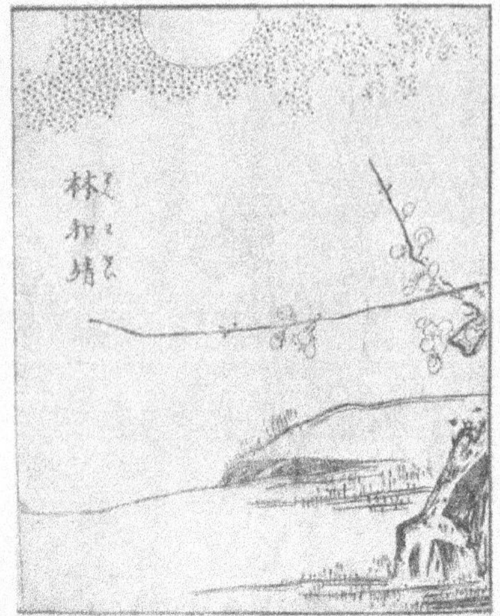

ITCHO

SAGE CONTEMPLANT LA LUNE — SEHNSUCHT EINES GELEHRTEN NACH DEM MOND — SAGE CONTEMPLATING THE MOON

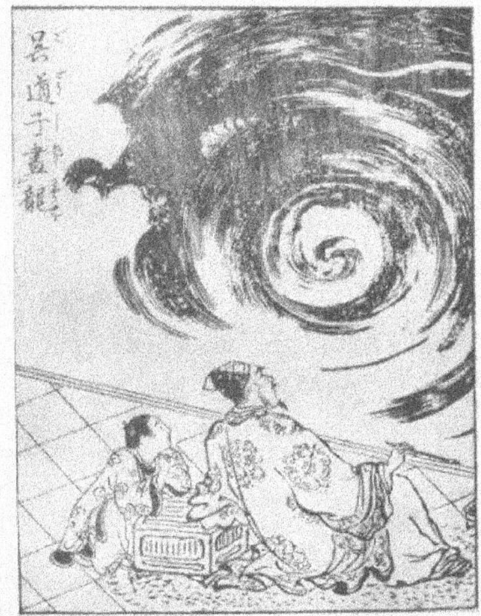

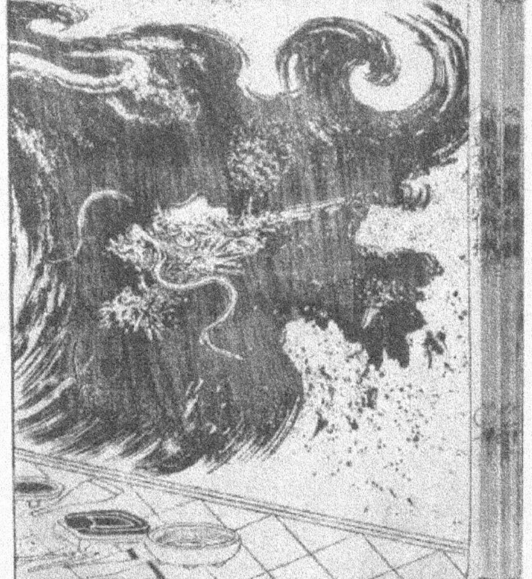

TACHIBANA MORIKUNI

LE MAÎTRE CHINOIS GODOSHI PEIGNANT UN DRAGON

DER CHINESISCHE MEISTER GODOSHI MALT EINEN DRACHEN

THE CHINESE MASTER GODOSHI PAINTING A DRAGON

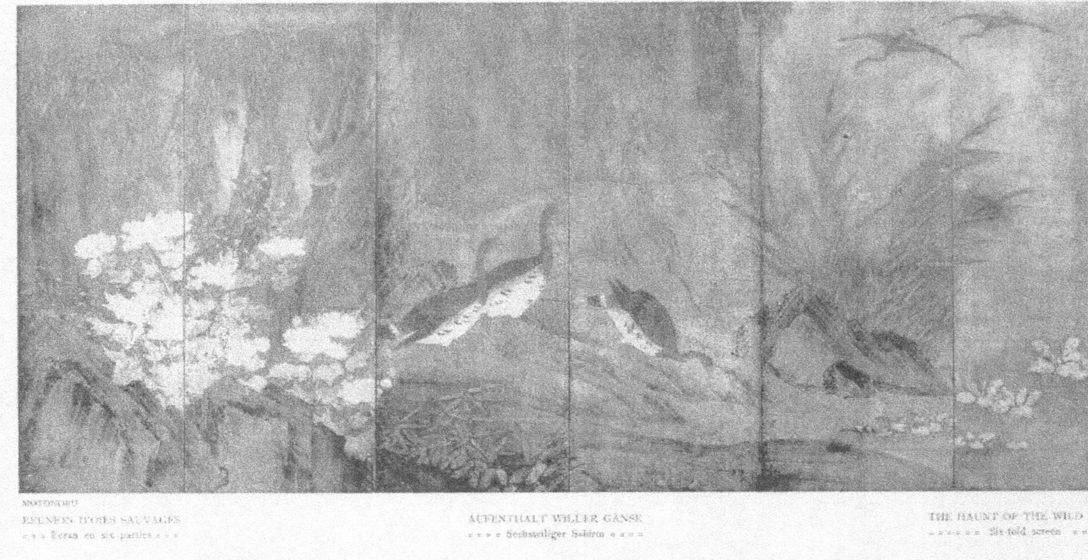

MOTONOBU

RÉUNION D'OIES SAUVAGES
= = = Écran en six parties = = =

AUFENTHALT WILDER GÄNSE
= = = = Sechsteiliger Schirm = = = =

THE HAUNT OF THE WILD GEESE
= = = = = = Six-fold screen = = = = = =

de la nature, son art a gagné énormément en diversité et en fécondité. Et si nous jetons nos regards sur l'art strictement limité des vieux maîtres Kano, nous sommes tentés de nous plaindre d'une certaine monotonie. Et cependant, nous insistons sur ce point, Hokusai et Utamaro sont inférieurs au point de vue spirituel; il leur manque la noblesse et l'élévation des grands vieux maîtres de la tradition asiatique. Mais ne peut-il se trouver dans l'avenir un maître qui, imprégné des instincts et de l'hérédité de cette tradition, imbu des nobles et lumineuses idées du Zen-Boudhisme, si libres et si claires, et convenant si bien cependant à la vie moderne, admette dans sa vision le spectacle complet de la vie? Un tel maître pourrait accomplir une oeuvre dont l'importance égalerait celle de Rembrandt en Europe, de ce Rembrandt pour qui rien de ce qui est humain n'était commun ou vulgaire, qui apporta à tous ceux qui savaient voir et peindre non pas l'aride vision du réalisme, mais un sérieux, une profondeur de vue qu'aucun des anciens peintres religieux n'a su surpasser.

Il ne faut pas oublier que le dessin d'Hokusai et d'Utamaro, avec toutes ses splendides qualités, renferme bien plus de convention archaïque que l'art classique de la Chine, et nous ne croyons pas que ce soit chez eux que le futur art de la peinture au Japon puisse trouver ses inspirations. Nous sommes plutôt d'avis que l'effort de l'avenir sera une continuation de l'effort dont on retrouve la trace dans l'histoire de l'école des Kano et qui consiste à absorber le fond de l'art de l'Asie Continentale, pour lui donner un caractère vraiment national.

Cet effort n'a pas toujours été couronné de succès; il y a eu des reculs et des réactions; il y a eu des périodes de stérilité, quand la prospérité officielle a fait sentir son influence corrosive; mais l'art des Kano doit précisément son importance à sa souplesse, sa faculté d'absorption et son aptitude à manier une matière toujours renouvelée. Son passé est glorieux, et l'avenir peut encore lui appartenir.

LAWRENCE BINYON.

INDEX DES TABLEAUX

www.ingramcontent.com/pod-product-compliance
Ingram Content Group UK Ltd.
Pitfield, Milton Keynes, MK11 3LW, UK
UKHW021645260726
13994UKWH00003B/1290